企业人力资源管理与
法律顾问实务指引**丛书**

从招聘到离职

HR必备的
十大法律思维及劳动仲裁案例实操

王　锋◎著

中国法制出版社
CHINA LEGAL PUBLISHING HOUSE

前言

Preface

著名法学学者朱苏力先生有一篇经典文章，题目叫《什么是你的贡献》。作为一名劳动争议仲裁员，自己在工作中也经常有这样的想法：什么是你能做的？这想法一方面来源于法律人的使命情怀，法律具有社会性，加上长期受公平正义、惩恶扬善这样的观念熏陶，故法律人对于很多社会问题及其解决方案都有与生俱来的使命感；另一方面来源于现实需要，近年来，随着劳动法律法规的日益完善，维权渠道日益便捷畅通，劳动争议呈井喷式增长，而这其中绝大部分都是企业败诉，动辄几万元、十几万元的损失，劳动者也并没有占到“便宜”，付出了大量时间、精力和心血，国家、社会更是不堪重负（多地仲裁出现案多人少的矛盾）。面对这样的现状，作为一名仲裁员，能做点什么呢？

笔者认为，要解决好日益增多的劳动争议，用人单位无疑是“牛鼻子”，只有从用人单位入手才能从根本上解决问题。从实践来看，劳动争议有不同于其他争议的显著特点：

一是发生率高。从全国来看，近年来劳动争议数量持续高位运行。2018 年，全国各地劳动人事争议调解仲裁机构共处理争议 182.6 万件，涉及劳动者 217.8 万人，涉案金额 402.6 亿元。[①] 以笔者所在的区为例，近五年来劳动争议案件数量一直在每年 1000 起左右，考虑区域面积和企业数量，这个发生概率是相当高的。这其中还不包括没有进入仲裁程序通过自行协商或者各类调解组织调解解决的，也不包括一部分因法律意识淡薄而没有意识到用人单位已经侵犯了其权利或者虽意识到权利被侵害但由于种种原因没有积极采取措施的潜在争议。

二是用人单位败诉率高。笔者曾经看过一个统计，2014 年全国劳动仲裁案件中，用人单位胜诉率为 13%，而当年广东省用人单位的胜诉率为 11.55%。笔者的劳动仲裁实践也基本印证了这一数据，在笔者处理的千余起案件中，用人单位完全胜诉的不到 10%。换句话说，约 9 成的案件是用人单位败诉的。

三是不确定性大。劳动争议虽然标的不大，但是往往事实复杂，法律法规、政策规定繁杂，再加上仲裁、法院口径把握不同，故在面对一个劳动争议案件时，有经验的律师往往也很难准确预测结果。比如，你可以从网上看到“末位淘汰解除劳动合同违法”“真的不能用末位淘汰吗”等内容截然相反的文章，让人无所适从。

针对这些特点，要化解劳动争议风险，建立和谐稳定的员工关系，笔者有两个“锦囊”送给饱受劳动争议之苦的用人单位：

一是要更新思维理念。为什么现在企业劳动争议这么多？一般归结为企业不懂法，其实不然。在笔者看来，更为重要的原因是企业管理者或 HR 的理念不适应现代人力资源管理需要。所以，欲做好员工关系管理，企业首先要做的是思维理念更新。所谓思维理念更新，主要是指企业管理者要抛弃把劳动者作为对手和利益相对

---

① 数据来源：《2018 年度人力资源和社会保障事业发展统计公报》。

方的理念，真正关心、关爱员工，将其作为利益共同体；抛弃蛮荒式的人力资源管理理念，建立精细化、法治化管理模式；抛弃等争议发生之后再处置的理念，树立从源头上预防、防控风险的意识；等等。

二是要提升实操技术。除了思维理念更新外，掌握具体的法律知识和操作技巧也很重要。要知道，很多争议的发生或者激化，往往是从一份不合适的文书、一句冷漠的话语、一个不恰当的举动引发的。所谓提升实操技术，就是企业 HR 在处理员工关系的时候要再专业一些，像训练有素的律师那样开展工作；再柔和一些，尽量让劳动者感觉到被尊重；再严谨一些，不要在语言、文书上出现漏洞和破绽。

学者夏承焘曾说过："著书有三种：最上，令读者得益；其次，令此学本身有发现；其三，但令读者佩服作者之博学精心。"作为一本实践经验的总结而非学术著作，笔者自然不能"令此学本身有发现"，更不敢奢望"令读者佩服作者之博学精心"，故"令读者得益"是笔者最大的追求。"令读者得益"体现的是以客户为中心的理念。对于劳动领域的普法应该怎么做，笔者也在经常思考：能不能转换一下思路，将以普法者为中心的模式转变为真正以"读者"（企业 HR）为中心，发掘和解决 HR 的痛点，通过一种轻松、愉快而又不失专业的方式去普法。考虑现实中很多 HR 是非法律专业毕业的，系统学习掌握那些枯燥、繁杂的法律规定实在是强人所难，笔者希望通过本书做个尝试：利用鲜活的案例（大多数取材于自己处理过的案件）、灵活的方式（案例、新闻报道，甚至一段庭审笔录）、真实的素材（许多文书是原汁原味呈现的），不仅告诉 HR 法律规定，更重要的是告诉 HR 如何具体操作。为此，在写作过程中，笔者时刻提醒自己：这本书不是写给专业人士看的，要接地气，最大限度地让 HR 喜欢看、能看懂。在书中，笔者没有执着于那些枯燥的理论和法律规定，也没有像一般的案例书那样，简单地告诉你判决结果是什么、理由是什么，而是将"知识"转化为实用的"技术"，让 HR 像使用手册一样能照着操作。笔者也试图将身边发生的、活生生的案例以及原汁原味的文书、话语端给大家，在一个个真实的情境和故事中告诉 HR 话该怎么说、事该怎么做、文书该怎么写、困局该怎么破。笔者希望这本书做到了这些。当然，如果本书对于专业仲裁员、法官、律师、专家学者们开展工作或进行研究有所帮助，那就属于意外之喜了。

从事仲裁工作十余年来，那些刚正不阿、嫉恶如仇、学识渊博、思维缜密、经验丰富的前辈、同事们无时无刻不在潜移默化地影响着我，这也直接促成了本书的完成，在此一并致以深深的谢意！最后还需要说明的是，虽然本书的案例、故事部分取材于真实的仲裁实践，但大都进行了改编，请勿对号入座。

目 录

Contents

第一篇

HR法律思维理念更新

共赢思维：建设和谐共赢的企业文化

引　言

2018 年 9 月，一场 30 年不遇的台风“山竹”让华为的 HR 火了。一贯以管理严格、强调绩效、注重考核著称的华为发出了一则接地气又不失幽默的短信：各位亲爱的同事，我知道，周六下班后，你赶去超市只抢到两串大蒜。我知道，你已把电脑带在身边，做好随时随地办公的准备。我知道，今天还有部分同事因工作原因，坚守在岗位上。我知道，明天熊孩子不上学，你为妥善安置想尽办法。我知道，你已在谨慎规划明天上班的最佳方式和线路。是的，红色预警已解除，明天正常上班。困难很多，我知道你都在尽力克服，向最可爱的 huaweier 致敬！但风雨仍然很大，一定要注意安全，尽力乘坐公司班车，安全抵达岗位。如因道路受阻，不能按时到达，别太担心考勤打卡，我们会统一处理，安全到达在我们看来才是最重要。——华为公司人力资源管理部（2018 年 9 月 16 日）

启　示

这样一条短信让人看到了华为公司管理上的温情，也让员工感觉心理暖暖的，说白了：公司并不是只看重你创造的价值，而是更在乎你的安全，公司永远是你的坚强后盾，和你一起克服困难。

让员工感觉到温暖的不只华为。2016 年 4 月，网络上出现一则顺丰快递员遭京牌轿车车主打耳光的视频，引发社会关注。对此，顺丰公司第一时间发表声明："我们非常感谢大家对顺丰小哥的关心，顺丰集团对于此次暴力事件非常震惊，并已指派集团高层跟进处理后续事宜。目前已向警方报案，并安排小哥进行伤情鉴定。公司坚决主张依法维权，相信公安机关会依法严肃处理此事，同时我司态度如下：'1. 鉴于对方反复殴打小哥，行为极为恶劣，我司不同意对方调解诉求，对于这种寻衅滋事现象，建议追究刑事责任；2. 以后发生类似事件，顺丰仍将依法维权，对员工的合法权益保护到底；3. 服务行业十分辛苦，需要彼此理解和尊重，希望大家以此为鉴，共同维护社会公平正义。'"公司总裁更是在朋友圈发表霸气声明："如果这事不追究到底，我不再配做顺丰总裁！"

近年来，建设和谐共赢的企业文化和稳定的劳动关系，越来越受到国家的重视，也在优秀企业间蔚然成风。2015 年 4 月，中共中央、国务院发布《关于构建和谐劳动关系的意见》，这是指导新时期劳动关系工作的纲领性文件。文件提出，统筹处理好促进企业发展和维护职工权益的关系，调动劳动关系主体双方的积极性、主动性，推动企业和职工协商共事、机制共建、效益共创、利益共享。构建和谐劳动关系，离不开企业和员工的共同努力。

对企业来说，要形成以员工为本的文化。首先要尊重员工，最大限度地尊重人、理解人、关心人，并用人性化的经营调动每位员工的积极性、主动性；其次要做到共赢发展，真正把员工个人利益与企业利益联系起来，使员工以主人翁的态度工作，从而激发每一位员工的创造热情，进而形成一种良性循环的激励机制；再次要注重沟通与协调，建立上下通畅的言路，使员工能方便地表达他们对某些事情的关注和看法，吸收他们的意见和建议；最后还要重视对员工的教育培训，建立完善的学习教育体系，营造学习工作化、工作学习化的新环境，这样才能发掘员工的潜力，提高员工的工作技能，既帮助员工实现个人价值，又帮助企业实现科学持续发展。

对员工来说，要真正热爱企业。有人说，在商海中，企业好比一艘乘风破浪的船，投资者造船，经营者开船，员工划船。加入它，你就顺理成章地成为这艘船上的一名船员。这艘船承载着投资者的梦想，也承载着员工的现实生活与希望。选择了这艘船，员工不再是乘客，而是这艘船的主人。这艘船是满载而归还是触礁搁浅，取决于船上的所有船员是否齐心协力、同舟共济。要想成功完成航程，每一位船员都要毫无保留地为这艘船贡献自己的力量。只有每个员工都能认清自己的位置，充分发挥主人翁精神，主动承担责任，企业才会兴盛与发展。凝聚着强大团队力量的企业，才能在市场竞争中脱颖而出。

专家建议

面对激烈的市场竞争，企业首先要改变的是将员工视为“对手”的观念，真正树立“同舟共济”的理念，自觉将和谐共赢融入企业生产经营中，融入企业文化建设中，积极打造企业与员工的利益共同体、事业共同体和命运共同体。

风险思维：发现企业的“黑天鹅”

引 言

李某于2011年4月进入某外资企业A公司工作，担任资深财务经理，月工资13000元，劳动合同期限自2011年4月27日至2014年4月30日。2012年2月，因李某多次与公司总经理发生冲突，A公司书面通知李某：“您自2011年4月27日加入公司，迄今为止工作满9个月。由于您不符合岗位要求，我司决定自2012年2月13日与您解除劳动关系，您的月工资为人民币13000元，因此，按照相关规定将通过工资卡一次性支付您赔偿金共计人民币26000元（人民币贰万陆仟元整）。”李某签收了该通知。后A公司未经李某同意，单方面办理了解除劳动合同手续和社会保险停缴手续，并向李某的工资卡中转入26000元作为赔偿金。李某对此表示不服，于2012年3月到劳动仲裁委员会申请仲裁，请求：1.撤销《解除劳动合同通知》，继续履行劳动合同；2.支付2012年2月13日至恢复劳动合同期间的工资每月13000元。

庭审过程中，作为被申请人的A公司没有提供任何可以证明李某不胜任工作的证据。A公司的委托代理人也直言，公司没有证据证明李某不胜任工作岗位，但是已经按照《劳动合同法》第四十八条[①]的规定向李某支付了赔偿金，现在解除劳动合同手续已经办理完毕，双方已经不能再继续履行合同了。此案经历了仲裁和法院的一审、二审，2013 年 4 月中级人民法院作出终审判决：双方继续履行劳动合同，A 公司支付李某 2012 年 2 月至裁决作出之日的工资（扣除已经支付的赔偿金）。法院的判决理由是，双方劳动合同不是不能履行，而是用人单位恶意解除导致劳动合同不能履行。

然而，事情并未就此了结。A 公司可能觉得心有不甘，在判决生效后李某多次要求上班的情况下，没有给李某安排工作，而是于 2013 年 6 月又给李某发了一份通知："经向有关用人单位调查取证，公司有证据证明，你在与公司建立劳动关系时存在故意隐瞒事实、虚构个人履历的行为。你的欺瞒行为误导公司与你建立劳动关系，并做出高薪聘请你担任资深财务经理的决定。基于上述事实，根据你和公司签订的《劳动合同》第 6.3 条的约定，公司决定即日起与你解除劳动关系。"李某不服，又一次提起劳动仲裁要求 A 公司继续履行劳动合同。原来，在李某当初求职提供的简历中，在工作经历处写明"2008 年 7 月至 2010 年 7 月在 B 公司任副总经理"。而 A 公司经过调查，发现李某在 B 公司只工作了一年（2008 年 7 月至 2009 年 6 月）。据此，A 公司认为李某存在欺诈行为，故再次与李某解除劳动合同。庭审中，李某也认可，简历上的工作时间与实际工作经历不一致，但只是记错了，不是有意欺骗公司。

此案又一次经历了仲裁和一审、二审，2015 年 11 月，中级人民法院再次判决：确认 A 公司解除劳动合同行为违法，双方继续履行劳动合同，A 公司支付李某诉讼期间的工资。法院认为，李某的行为不构成欺诈，李某简历中工作时间填写错误

---

① 《劳动合同法》第四十八条规定："用人单位违反本法规定解除或者终止劳动合同，劳动者要求继续履行劳动合同的，用人单位应当继续履行；劳动者不要求继续履行劳动合同或者劳动合同已经不能继续履行的，用人单位应当依照本法第八十七条规定支付赔偿金。"

并不能导致公司陷入错误判断，从而与李某订立劳动合同。

宣判后，李某到劳动仲裁部门申请仲裁，要求A公司支付工资、未休带薪年休假补偿、解除劳动合同经济补偿金等，同时补缴社会保险费。此时，A公司更换了总经理和委托代理人，态度也有所缓和。最终，在劳动仲裁部门的协调主持下，双方达成和解，A公司支付李某工资、经济补偿金等共计30余万元，连同补缴的社会保险费以及前期已经支付的费用，A公司为此事累计支付了40余万元。

启 示

有一本畅销书《黑天鹅》[①]，在这部堪称革命性的著作中，塔勒布概括了“黑天鹅”（高度不可能事件）的三个特征：一是不可预测性；二是影响巨大；三是事件发生后人们总是试图去解释它。上面的案例，对企业而言也堪称一起“黑天鹅”事件，它符合塔勒布提出的“黑天鹅”的三个特征。首先是不可预测性。公司的决策层没有预见到，当初一个简单的解除合同决定，最终导致公司承担了这么大的损失，如果当初预见到花了这么大代价仍然没能解除李某的劳动合同，估计公司怎么也不会发出那份解除通知。其次是影响巨大。公司直接损失40余万元，外加律师费支出、名誉下降等间接支出和损失，甚至该公司的总经理也因此事被撤换，教训不可谓不惨痛。最后是事件发生后人们总是试图去解释它。确实，A公司的委托代理人在案后多次提到，前任总经理比较固执，坚持要与李某解除劳动合同，同时公司前任委托代理人对劳动法不精通，导致公司连续犯错。

① 在发现澳大利亚的黑天鹅之前，欧洲人认为天鹅都是白色的，“黑天鹅”曾经是欧洲人言谈与写作中的惯用语，用来指不可能存在的事物，但这个不可动摇的信念随着第一只黑天鹅的出现而崩溃。

面对“黑天鹅”式的劳动争议，企业无法预测何时发生、怎么发生，那是不是就对它无能为力呢？在《黑天鹅》一书中，塔勒布也提供了答案，“预测下雨无济于事，建造方舟才能以防万一。黑天鹅事件无法预测，却能预防。我们不能预测何时会下大雨，但准备好雨伞出门就行了。我们无法预测何时会有大地震，但可以提高房子的抗震级别”。的确，劳动争议的“黑天鹅”事件虽然不可预测，却可以预防。试想，如果该公司在做出最初的解除劳动合同决定时，能认真听取法律专业人士的意见，提前做好风险评估，也许就不会轻率做出解除劳动合同的决定；或者，在事件处理过程中不那么“任性”，也许损失就不会逐步扩大。推而广之，作为企业，必须有这种风险意识，不可麻痹大意。由于工作关系，笔者能看到此类黑天鹅事件的“劳动法版”几乎每天都在上演，也许下一个受害的就是你的企业。所以，在劳动关系管理上，“黑天鹅”给我们的一个重要启示就是要做好预防，做好风险防控，避免决策的随意性。

塔勒布还探讨了另一个有趣的问题：有一种英雄，他们为我们避免了灾难，拯救了生命，但是人们不知道他们所做的贡献。比如“9・11”事件发生之前，有人强烈要求在驾驶舱门安装防弹保险装置，如果航空部门采纳了他的意见，“9・11”事件就不会发生，他就拯救了上万人。我想，对于企业 HR 来说，这种情况也很常见。也许你尽职尽责，因为你严谨的工作、完善的文书、得体的语言为公司避免了一场诉讼，避免了一次灾难式的“黑天鹅”事件，但老板未必知道你做出的贡献，仅仅因为灾难事件并没有发生。所以，“黑天鹅”给我们的另一个启示是，企业要重视那些处理劳动关系的“无名英雄”（企业 HR）所做的工作，重视那些避免风险发生的人。

一个成功的企业必须时刻保持对包括劳动争议在内的各种风险的警醒，毕竟一般企业很难承受那种巨大损失。所以，从现在开始，赶紧去发现你企业中的“黑天鹅”吧！

专家建议

对企业来讲，劳动争议的风险无处不在，极端的“黑天鹅”事件也随时可能降临。因此，企业要时刻保持风险防控的意识，做好平时的预防和萌芽阶段的化解，这才是企业立于不败之地的不二法门。

目的思维：把员工作为企业经营的目的

引 言

陈某于2011年3月9日到某酒店从事餐厅服务员工作，双方签订了劳动合同。2014年12月9日，因接到客人投诉，该酒店口头要求陈某回家反省，自次日起不用上班。12月17日，酒店又通过快递向陈某邮寄了一份公告，称因有客人投诉，公司决定开除陈某。该酒店《员工手册》第2.2.3条规定："企业对有下列行为的员工，记严重过失一次，并解除当事人与企业的劳动合同：……服务不周造成客人恶性投诉……"陈某诉至劳动争议仲裁委员会，要求酒店支付违法解除劳动合同赔偿金。庭审中，酒店提供了其工作人员与顾客李某的往来电子邮件，酒店发送邮件内容为："尊敬的宾客，您好！针对您提出的投诉我公司员工陈某服务态度问题，首先对于员工态度不端正给您造成了不好的困扰，我们表示深深的歉意。针对此次事件，我们做出如下决定：解除与该员工的劳动合同，针对我们的处理结果您是否满意？期待您的再次光临！"顾客李某的回复邮件内容为："对于贵酒店对该员工的处理方法很满意，希望可以将这种管理制度延续下去，谢谢！"

启 示

从法律角度看，根据《劳动合同法》的相关规定，用人单位与劳动者解除劳动合同，须满足事实清楚、规章制度合法有效并经过公示、解除程序合法等要件。案例中，酒店以服务不周造成客人恶性投诉为由与陈某解除劳动合同，但仅提供了客人的投诉以及对处理结果的回复，并无直接证据证明陈某存在服务不周的事实。所以，本案中酒店对陈某的处理事实不清，证据不足；从规章制度本身来看，也存在不合法之处。虽然是服务行业，但也不能仅仅依据客人的恶性投诉就解除与员工的劳动合同，用人单位仍然负有调查核实事实以及确定劳动者过错程度的义务。最终，仲裁部门支持了陈某的申诉请求。

这个案例充分说明了公司在利益主体存在冲突的情况下，应当平衡好各方利益，不能有所偏废。传统的公司法理论认为股东利益至上，公司存在的目的就是为股东服务，但公司社会责任理论认为，企业在维护股东利益的同时，也要兼顾公司员工、客户、债权人等其他主体的利益，达到利益主体之间的平衡。就公司员工来说，传统公司法理论认为，员工与公司之间仅仅是劳动合同关系，除此之外不享有其他利益，但是公司社会责任理论认为，企业的利益与员工的利益息息相关，企业的稳定发展离不开员工积极性和创造性的发挥，因此应当将员工地位提升为公司的利益主体来考量。企业在经营管理过程中，一定要尽力实现各种利益关系主体之间的平衡，不能顾此失彼。前文案例就是员工利益与顾客利益发生冲突的典型例子。传统的说法是顾客至上，顾客是上帝，但是近年来很多企业已经放弃或者修正了这个观念，在顾客利益和员工利益发生冲突的时候不再一味地保护顾客利益，有些企业还针对性地提出“员工第一”。

对于企业 HR 来说，一定要搞清楚人力资源管理的目的是什么。或者说，当有一天老板问你，你们人力资源部门的目的是什么，你会怎么回答呢？有人说是防控风险，没错，防控风险确实是人力资源管理的重要目的，但是不是最终目的呢？笔者觉得可能不是。首先，这样回答你的老板未必满意。因为公司其他部门，如生产部门、销售部门的目的是什么？肯定是创造效益啊！既然如此，那么整个公司的目的应该是一致的，为什么人力资源管理的目的就是防控风险了呢？其次，做事情的目的或者说目标从来都是与行为相关联的。比如：如果你问你的孩子："你上学的目的是什么？"他回答"为了考试取得好成绩。"你可能不会满意，虽然考试取得好成绩也是学习的目的之一。对笔者来说，上学的时候是把这句话抄在笔记本上的——"永远不要把考试作为学习的目的，考试成绩好只是能力提高之后一个自然而然的副产品"。的确，目的影响行为。如果说你从事人力资源管理就是为了管理风险，那么你做的仅仅只是各种风险防范，从而防止公司损失。但事实上，我们能做的更多，也应该做得更多。

稻盛和夫先生在日本被称为"经营之圣"，赤手空拳 40 年创建了京瓷和 KDDI 两家世界 500 强企业，并且创造了 50 年企业不亏损的奇迹。他在经营过程中总结出一套经营哲学，在其著名的企业经营十二条中，第一条就说要经营好企业，首先要明确事业的目的和意义。稻盛先生认为企业存在的目的是"为人类社会的进步和发展做出贡献，并为员工谋取物心两面的幸福"。把为员工谋取幸福作为企业存在的目的之一，稻盛先生的见解是十分深刻的。一般企业的"员工关爱制度"，如给员工支付高工资、设计职业生涯发展通道、对员工实施人性化管理等，本质上并没有摆脱将员工作为"手段"的窠臼，而将员工作为目的则意味着企业经营的根本性变化。在一定程度上，是否把个人的发展和成长融入企业的发展之中，正是一个伟大公司和普通公司的重要区别。

总之，要真正把员工作为企业的目的，不断在关爱员工方面用心着力，善待员工、关爱员工，这样企业才会获得持续发展的强大动力。

专家建议

企业要从根本上树立把员工作为企业经营的目的或者重要利益关系主体的意识。防控风险和关爱员工，就好像一个是防御性武器，一个是进攻性武器，缺一不可。只有将这两种武器都掌握了，企业才能攻守兼备，练成金刚不坏之身。

合规思维：你最好“照词说”

引　言

曾有一篇网络报道引起了人们的关注。某知名企业集团老总在某厂区视察，在餐厅门口发现两名员工在抽烟，老总好意提醒员工把烟灭了，但一位员工不认识老总，直接回骂：“你谁啊！关你 × 事！”老总大怒，打电话叫来该厂区主管：“你不修理他，我就修理你。我们 ××× 不要这种员工！”

启　示

此事一经报道，网上一片哗然，大多是批评或调侃员工不应该不认识老总。其实，站在人力资源管理者的角度，此事也能引发很多思考。比如，公司能否以上述理由与两名员工解除劳动合同？脑补一下，脑海中马上出现了以下画面：某员工与公司老板争吵，最后老板大怒：“你被解雇了！”或者更决绝一点：“你马上从我眼前消失！”于是，员工抱着纸箱子灰溜溜地离开。这是影视剧中经常出现的场景，给人的感觉是，公司可以随意与员工解除劳动合同，甚至有一种“不顺眼解除权”。事实上，很多老板也正是这么想的：“大不了就是多赔点钱嘛”。可现实是这样的吗？

从法律的角度讲，《劳动合同法》没有赋予公司这种“不顺眼解除权”。用人单位与员工解除劳动合同必须符合《劳动合同法》的相关规定。如果没有合法依据，如员工不胜任工作岗位、严重违纪等，根据《劳动合同法》第四十八条，员工可以要求继续履行劳动合同，员工不要求继续履行劳动合同或者劳动合同已经不能继续履行的，可以要求用人单位支付赔偿金。换句话说，公司要为此付出惨痛的代价，甚至公司付出惨痛代价也未必能解除劳动合同，像前文“风险思维：发现企业的‘黑天鹅’”中的案例。真实的案例告诉我们，现实与影视作品中完全不同，并非公司想解雇一个员工就能解雇一个员工，有时候给再多的钱也不行。也许有人会说，这个判决太极端了。现实中，不同的地区、不同的裁决机构，甚至不同的仲裁员确实可能有不同的结论，但作为人力资源管理者的一项重要任务就是管理风险，不要把命运交给裁判者掌握，这才是最体现一个人力资源管理者能力的地方。

郭德纲先生的相声里经常有一句调侃：“你最好照词说！”其实，对于我们企业 HR 来说也是一样，如何防范和避免风险呢？答案就是你最好照着规则来做，这里的规则，包括劳动法律法规，包括企业的各项规章制度，包括劳动合同，等等。严格按照规则来做，能避免大部分风险。

总之，老板可以“冲冠一怒”，但如果 HR 没有尽到提醒义务，让公司处于败诉的风险中，那无疑是 HR 的失职。

专家建议

企业在人力资源管理过程中，要严格依照法律法规、规章制度、劳动合同等进行操作。作为企业管理者，不管是企业老板还是 HR，都要具备这种规则意识，“照词说”、按规矩来，避免随意性，这样就可以避免绝大部分风险和“意外”。

精细思维：一个严谨的 HR 胜过好律师

引　言

孙某于 1993 年 9 月进入金龙公司工作，双方一直签订劳动合同，最后一期劳动合同期限至 2019 年 10 月 31 日。2017 年 3 月 23 日，孙某以强直性脊柱炎为由向公司请假 28 天，公司予以批准。2017 年 4 月 22 日，孙某再次以强直性脊柱炎为由向公司请假 10 天，公司予以批准。此后，孙某未请假也未上班。2017 年 10 月 13 日，公司向孙某下发通知，内容为“你自 2017 年 5 月 2 日起，未到公司报到，也未办理请假手续，请在接到通知后三日内到综合办办理相关手续。如不按期到公司报到，从 2017 年 5 月 2 日起计算旷工时间，我公司将按照《劳动合同法》相关条款进行处理”。其后，孙某回公司报到，又以上班时间太长，其身体状况不能胜任为由要求重新安排岗位，未获公司准许。

2017 年 11 月 1 日，公司向集团工会委员会发出《关于对孙某旷工的拟处理意见》。2017 年 11 月 3 日，工会复函同意因旷工与孙某解除劳动合同。2017 年 11 月 6 日，公司向孙某邮寄送达了《劳动合同终止通知书》，内容为：“你自 2017 年 5 月 2 日至今未到公司报到，已经通知本人期间按照旷工处理。根据《劳动合同法》第三十九条之规定，现公司决定与你解除劳动合同，终止劳动关系。请自收到本通知之日起十日内到公司办理相关手续。”2017 年 12 月 5 日，孙某向劳动人事争议仲裁委员会申请仲裁，要求继续履行劳动合同。此案经历了劳动仲裁和法院一审、二审，最终结论是：公司以孙某旷工为由向其邮寄送达《劳动合同终止通知书》，且通知书内容也表述为终止劳动关系，但旷工并不属于《劳动合同法》第四十四条规定的终止劳动合同的情形，故判决双方的劳动合同继续履行。

启 示

劳动仲裁工作做久了就会发现，如果企业 HR 能够严谨一些，很多劳动争议其实是完全可以避免的，如引言中的案例。其实该企业也具备一定的法律意识，从几次通知上岗到征求工会意见，该做的也都做了，但百密一疏，仅仅因为给员工发送的通知中将“解除”写成了“终止”，两字之差，谬以千里，最终导致败诉。其实，这样的案例还有很多，比如：

案例一：甲于 1999 年到某国有企业工作，该企业 2008 年进行改制，与甲签订了改制协议，协议中约定“支付甲一次性补偿金 5000 元”。改制后，甲继续在该企业工作。后甲于 2016 年 4 月因裁员被该企业解除劳动合同，甲要求企业支付经济补偿金。企业提出 2008 年之前的经济补偿金已经支付了，只同意支付 2008 年之后的经济补偿金，而甲认为当初的改制协议只是约定给予一次性补偿金，并不是给的经济补偿金，况且数额也并非按照工作年限乘以月平均工资计算的。

案例二：乙提起劳动仲裁要求某机械公司支付加班费，该公司答辩称已经支付了加班费并提供了公司的工资表，在工资表中明确列明了“特勤费”一项，公司解释说所谓“特勤费”就是指周末加班费，而乙则主张特勤费是公司给的补贴，并非加班费。

案例三：某公司欲以不胜任工作为由与丙解除劳动合同，该公司HR起草了这样一份解除劳动合同通知于2013年12月18日发给丙："我司于2013年2月25日与你签订劳动合同，双方建立劳动关系。但在劳动合同履行过程中，公司发现你不能胜任本职工作，经过培训，仍不能胜任本职工作，经慎重考虑，我们很遗憾地告知您，本公司决定将你辞退，终止与您的劳动关系。现通知您于2014年1月18日前到公司综合部办理离职相关手续。本公司将依照劳动法律规定，给予您相关经济补偿。同时，接到本辞退通知后，您不得再开展任何业务活动，否则造成的一切后果由您本人承担。"此后丙再到公司工作发现电脑已经被设了密码，无法使用，索性从第二天起便不再上班。该公司又向丙发了一份通知，以丙旷工严重违纪为由与丙解除劳动合同。丙不服，提起劳动仲裁要求公司支付赔偿金。

案例一中，公司HR在改制协议中写的"一次性补偿金"并非法律术语，如果写"经济补偿金"，并且按照法律规定的标准支付就可以避免风险。案例二中，"特勤费"也并非法律术语，公司HR只要在工资表中注明"休息日加班费"或"法定节假日加班费"便不会发生争议。案例三中，公司本来想按照《劳动合同法》第四十条第二项[①]与劳动者解除劳动合同，也提前一个月通知了，但HR错在画蛇添足地写上"不得再开展任何业务活动"。请注意，《劳动合同法》第四十条规定用人单位提前一个月通知解除劳动合同，这"一个月"内劳动者是正常在岗工作的，通知上写"不得再开展任何业务活动"，丙当然有理由不去公司上班。后来，公司再

① 《劳动合同法》第四十条规定："有下列情形之一的，用人单位提前三十日以书面形式通知劳动者本人或者额外支付劳动者一个月工资后，可以解除劳动合同：（一）劳动者患病或者非因工负伤，在规定的医疗期满后不能从事原工作，也不能从事由用人单位另行安排的工作的；（二）劳动者不能胜任工作，经过培训或者调整工作岗位，仍不能胜任工作的；（三）劳动合同订立时所依据的客观情况发生重大变化，致使劳动合同无法履行，经用人单位与劳动者协商，未能就变更劳动合同内容达成协议的。"

次犯错，以旷工为由与丙解除劳动合同，最终使本来用经济补偿金能解决的问题变成了双倍的赔偿金。

上述案例怎么判或许可以商榷，但请记住，**所谓风险，就是不确定性。**HR 作为公司人事管理的日常执行者，需要避免因自己的语言、行为、文书让公司处于风险之中。笔者认为，在企业人力资源管理中，HR 的作用要比律师更重要。因为 HR 接触劳动争议隐患更早、更深入，HR 可以轻松避免的风险，若等到发生之后再让律师去处理就会变成大麻烦。

正是从这个意义上说，一个严谨的 HR 要胜过好律师！

专家建议

随着劳动法律法规的完善和劳动者维权意识的提高，劳动争议案件越来越多，劳动者也越来越懂得如何通过法律途径保护自己。相应地，企业也必须抛弃原来那种蛮荒型的管理模式，应进行精细化管理，HR 也要像训练有素的律师那样开展人力资源管理工作，文书和语言都要严谨得体，把好风险防控的第一道关。

沟通思维：和谐来自于沟通

引　言

2010 年，笔者曾参与处理了辖区一起企业停工事件。该企业原为国有钢铁公司，后改制并被外资收购，被收购不久就发生了 300 余人停工事件。停工事件发生后，政府第一时间派出工作组进驻企业处理。当时首要的是弄清楚工人不上岗的原因，虽然职工代表说是因为工资低，但是不是还有其他原因呢？工作组召集全体职工开了个会，会上给每个人发了一张纸，要求大家把自己的诉求写下来。令人大跌眼镜的是，工人们写出来的诉求五花八门，除了工资低之外，都是诸如管理层缺乏与职工的沟通、党组织活动少、食堂饭菜质量不好、没有地方洗澡、门卫搜身检查等小事。通过这些诉求，工作组也作出判断：这家企业的员工与企业还是有感情的，只是多年来管理层缺乏与职工的沟通交流，导致职工的很多问题得不到解决，这次借着被收购来了个大爆发。最终，在政府的统一领导下，通过工会、人力资源和社会保障局等部门艰苦细致的工作，停工事件很快得到解决。

启 示

停工事件的和平解决使笔者深刻认识到，企业与职工的沟通交流非常重要，和谐来自于良好的沟通。2015 年，中国社会科学院石秀印研究员所做的一项调查也印证了这一结论。他带领的调研组通过调查问卷的形式调查了 157 家企业，主要调查劳动关系和谐与哪些因素相关。他选取了问题投诉、劳资恳谈、企务公开、意见征求、工会选举、职代会、组建工会、集体协商八项机制。调查的结论是，前四项柔性沟通机制对和谐劳动关系建设的作用远大于后四项硬性竞争机制。石老师进一步解释说，柔性沟通机制，像劳资恳谈、意见征求，属于有问题就谈，有理由就表达，有要求就提，然后互相讨论；而硬性竞争机制，像职代会、集体协商就是凭力量，大伙儿一块儿谈，谁有力量谁就赢了。这项调查的结论是，在中国构建和谐劳动关系必须高度重视柔性沟通。

除了企业要建立柔性沟通机制之外，基层管理者、HR 在日常工作中的柔性沟通也很重要。其实我们在实践中也有体会，很多劳动争议的发生，多是因为用人单位领导的一句狠话，HR 的一个冷漠举动，员工缺少一个宣泄的渠道……而一旦劳动争议发生，所要支付的成本远远高于萌芽期的解决成本。

在解决劳动争议方面，也要高度重视柔性沟通。劳动关系双方主体，即企业和劳动者之间的关系有点像夫妻关系。夫妻虽然也会闹矛盾，也会离婚，但更多的是相互容忍、相互理解、相互包容。虽然劳动关系双方因劳动争议对簿公堂，但毕竟是有一定感情基础的。所以，在劳动关系处理过程中，虽然也有双方剑拔弩张的时候，但更多是相互协商、谅解、妥协。实践中，许多劳动者要求的并不是非要将各项待遇等按照法律规定一分不少地给他，而是达到其利益底线就行了，甚至有的劳动者直接宣称："我不是为了钱，就是为了争一口气。"所以，有时候只要企业拿出个态度，甚至是道个歉、说句软话，劳动者就不追究了。对于企业 HR 来说，要努力让员工感受到尊重和温暖。企业因为各种原因要辞退某个员工，除了遵守法律法规给予必要的保障外，有时候更重要的是让员工有尊严、体面地离开。比如，公司要与中层管理者谈离职，若只派一个 HR 去谈，中层管理者可能会认为这是对他的不尊重，但是当公司总经理亲自去谈，可能效果就很好，双方很快就能达成和解。

总之，企业与员工间畅通沟通渠道、建立柔性沟通机制、通过柔性沟通化解纠纷至关重要，和谐来自沟通。

专家建议

企业与员工之间要建立畅通的协商机制和沟通机制，这是企业顺利发展和员工舒心工作的基础。企业只有认真倾听每一位员工的心声，让职工参与公司的决策管理、成为公司的一分子，才能建立和谐劳动关系，促进企业发展。在发生矛盾和分歧时，企业也要首选协商、沟通等柔性方式予以解决。

证据思维：打官司就是打证据

引 言

一场庭审正在进行，案情很简单：某公司以一名员工提供虚假医院诊断证明为由与其解除劳动合同。

仲裁员：被申请人，你说申请人提供的诊断证明是虚假的，有什么证据吗？

被申请人：有，提供证据两份。证据一：申请人提交给单位的某人民医院2015年5月6日、8月6日、10月14日的医院诊断证明各一份，证明申请人曾以这三张诊断证明分别请假一周，并且这三张诊断证明的编号都是连续的。证据二：某人民医院出具的证明，证明该医院并没有出具过这三个编号的诊断证明，此编号尚未开始使用。综上，证明申请人提供虚假诊断证明骗取假期。

仲裁员：申请人，对该证据和证明内容有没有异议？

申请人：有异议，这三张并不是我当初请假提供的诊断证明，上面没有我的签字。

仲裁员：被申请人，你们的规章制度对于请病假是如何规定的？

被申请人：按照公司规定，员工请病假需要提供正规医院提供的诊断证明，并经公司人力资源部和总经理批准。

仲裁员：被申请人，你们有没有要求员工提交的诊断证明上面必须有本人签字？

被申请人：没有这样的规定。

启　示

这是一段真实的庭审实录，公司提供的诊断证明上面没有员工的签字而被员工当场否认，虽然不能说公司因此就一定会输了官司，但起码让用人单位很被动，当初为什么不让职工在提交的材料上面签字呢？事实上，在劳动争议处理过程中，证据的作用至关重要，正所谓“打官司就是打证据”，没有证据就很难赢得官司。遗憾的是，现实中很多企业没有意识到这一点，缺乏基本的证据思维。

曾经有一位 HR 朋友向笔者诉苦：公司有位高管与老板发生了一些矛盾，老板想辞退他，又不愿意支付赔偿金。一方面高管不同意离职，另一方面老板硬性要求只能支付补偿金，应该怎么办？笔者问他公司有没有公示的规章制度，他回答有制度，但无员工签字，也没有其他方式公示的证据。对于这样的公司，笔者只能建议最好不要辞退该高管，否则公司将面临极大的败诉风险。正所谓“巧妇难为无米之炊”，企业请再优秀的律师，如果没有相关的证据，一样无法胜诉。

作为企业管理者和 HR，一定要在日常工作中提升证据意识，随时保存对自己有利的证据，尽量避免留下对自己不利的证据，等发生仲裁时再去临时抱佛脚往往就晚了。在这里，笔者提出几点忠告：

1. 劳动争议能否胜诉并不是像某些人想象的那样，取决于谁的实力大，谁的关系强硬，在法治越来越完善的今天，胜诉与否主要取决于谁的证据更强。一定要有

“资本”与对方抗衡，这个“资本”就是完善的证据。

2. 在没有任何有力证据的情况下想要打赢官司是不现实的，企业一定要明白这一点，及时评估自己的证据情况，从而做出明智的选择，该调解就调解，该让步就让步。

3. 劳动争议所需要的证据基本上都不是在发生矛盾后取得的，而是在日常工作中获得的，所以最好的证据收集就是日常规范化管理，各种文书、制度、材料尽量采用书面或能长久保存的形式，该让职工签字的就让职工签字，不要存有侥幸心理，工作要做在平时。

4. 不要试图用违法的方式取得证据，也不要试图伪造证据、掩盖证据，那样做会得不偿失。

专家建议

在劳动争议中，用人单位承担了更重的举证责任。因此，企业HR一定要在日常人力资源管理中牢牢树立证据意识，注意对各种证据的收集和保存，等到面临诉讼的时候再收集证据就晚了。

成本思维：违法成本的“学费”别交了

引　言

罗某于2016年5月到某科技公司从事销售工作，2017年6月10日罗某在出差途中，被一辆大货车撞伤。2017年8月19日，罗某被当地人力资源和社会保障局认定为工伤，后被鉴定为一级伤残。由于公司没有为罗某缴纳社会保险，公司向罗某支付医疗费及各项待遇40余万元，且不能与罗某解除劳动合同。作为一家创业型小企业，目前该公司已经难以为继。

启　示

这可能就是我们所说的“黑天鹅”了。实践中，一个这样的极端案件就足以击垮一个公司。作为企业，一定要有成本思维。给员工依法缴纳社会保险，看似增加了企业的成本，但是能防范各种极端的风险；反过来，不缴纳社会保险，看似节约了成本，最终可能使企业陷入万劫不复的境地。

从日常处理劳动争议的角度，大体可以将企业支出的成本分为合法成本和违法成本。所谓合法成本，是指在没有违法行为的情况下，企业必然要支出的费用，主要包括劳动报酬、社会保险费、加班费、经济补偿金等。如果事实方面没有争议的话，合法成本是必须要支出的，如上班就要给劳动报酬并且缴纳社会保险费，加班就要给加班费，符合条件的解除劳动合同就要给经济补偿金。当然，不是说这类支出都没有争议，但争议一般是事实方面的，如双方对是否上班、是否存在劳动关系、是否存在加班、是否符合支付经济补偿金条件等存在争议。而违法成本指的是在用人单位存在违法行为的情况下所承担的费用支出，换句话说，如果不存在违法行为，这类费用支出本来是可以避免的。下面重点分析一下违法成本支出：

1. **二倍工资。**根据《劳动合同法》第八十二条的规定，有两种情况用人单位需要支付二倍工资，即未按规定签订书面劳动合同和未依法订立无固定期限劳动合同。避免的方法也很简单，按规定签订劳动合同和订立无固定期限劳动合同就行了。

2. **赔偿金。**《劳动合同法》关于用人单位应当支付赔偿金的规定主要有三种情形：一是第八十三条，违法约定试用期并已经履行的，对于超过法定期间的部分以试用期满月工资为标准支付赔偿金；二是第八十五条，对于逾期不支付劳动报酬、加班费或者经济补偿的，按应付金额百分之五十以上百分之一百以下的标准加付赔偿金；三是第八十七条，违法解除或者终止劳动合同的，应按经济补偿标准的二倍支付赔偿金。这三种情况都是可以预防、可以避免的。

3. **赔偿责任。**赔偿损失的情形主要集中规定在《劳动合同法》第八十条至第九十五条的法律责任部分，主要是因为用人单位的违法行为给劳动者造成损失的，用人单位要赔偿损失，赔偿损失一般根据劳动者的实际损失来确定，个别情况下也会固定化，如用人单位不给劳动者出具解除劳动合同证明的，司法实践中有按照未出具期间劳动者生活费标准裁决的。

4. **行政处罚。**同样规定在《劳动合同法》第八十条至第九十五条的法律责任部分，从用人单位角度，行政处罚（主要是罚款）也增加了用人单位的违法成本支出。

5. **未缴纳社会保险情况下的工伤待遇。**《工伤保险条例》第六十二条规定：用人单位依照本条例规定应当参加工伤保险而未参加的，由社会保险行政部门责令限期参加，补缴应当缴纳的工伤保险费，并自欠缴之日起，按日加收万分之五的滞纳金；逾期仍不缴纳的，处欠缴数额 1 倍以上 3 倍以下的罚款。依照本条例规定应当参加工伤保险而未参加工伤保险的用人单位职工发生工伤的，由该用人单位按照本条例规定的工伤保险待遇项目和标准支付费用。用人单位参加工伤保险并补缴应当缴纳的工伤保险费、滞纳金后，由工伤保险基金和用人单位依照本条例的规定支付新发生的费用。

通过以上分析可知，用人单位和 HR 日常管理的重点应当是尽量减少和避免违法成本的支出。如果一家企业总是在违法成本方面交“学费”的话，那么企业的管理者就应该好好反思一下了。

专家建议

企业经营是讲成本的，在法律法规日益完善的今天，企业违法成本越来越高。因此，企业与 HR 一定要树立成本思维，尽量避免出现违法成本支出，否则一起极端事件可能就会击倒一家企业，最好的应对方法就是努力让争议不发生或将争议解决在萌芽阶段。

专业思维：专业的事情交给专业的人干

引 言

笔者曾遇到两起企业主要负责人亲自出庭应诉的案子。一家建筑施工公司，被两名员工起诉要求支付拖欠的2个月的工资，建筑施工公司老板出庭应诉称，自己派这两人到某工地干木工活，可这两人不好好干，活干得也不好，所以不给工资。另一家是机械设备公司，雇用了几名驻外销售人员，也是拖欠工资，老板答辩说这几人没有任何业绩，所以不给工资。从专业的角度看，这两位企业负责人的答辩都很不靠谱，企业与劳动者之间是劳动关系，不是劳务关系，而劳动关系最核心的就是“管理”，人是公司的，公司就可以对他进行管理，如果不好好干活或者没有业绩，公司可以及时按照规章制度进行处理。过了几个月职工离职了再以此为由不给工资，于情、于理、于法都是说不过去的。

启 示

应当说，企业老板亲自出庭应诉，初衷是好的，体现了公司对劳动争议的重视，但效果并不如意。原因就在于这些老板没有认真学习法律，法律意识不强。当然，术业有专攻，也不能苛求老板们都精通劳动法。现代社会的分工越来越精细化，据说成为一个领域的专家至少要经过 10000 小时的练习。老板们没有时间和精力在每个领域都成为专家，所以劳动争议的事不妨还是交给专业的 HR 或者劳动法律师去做吧。让专业的人干专业的事，不仅能给自己节约时间，而且专业人士能快速解决问题，避免更多的麻烦，这本身就是给公司创造效益。

说到专业，据笔者所知，很多 HR 都是非法律专业毕业的，而劳动法又纷繁复杂，因此要求非法律专业的 HR 熟练掌握这些纷繁复杂的法条在笔者看来是很不“人道”的。但是，至少有一些法律常识是 HR 应该掌握的，比如，HR 应该知道在劳动法上合同“解除”与“终止”是有区别的[①]，劳动争议“调解”与“和解”是不一样的[②]，经济“补偿金”与“赔偿金”不是一回事[③]。作为 HR，了解一些法律常识至少有三个方面的意义：

第一，有助于准确理解法律。比如，看到《劳动合同法》第二十一条“在试用期中，除劳动者有本法第三十九条和第四十条第一项、第二项规定的情形外，用人单位不得解除劳动合同。用人单位在试用期解除劳动合同的，应当向劳动者说明理由”。你发现了什么？咦？怎么没有第四十条第三项和第四十一条呢？这意味着什么？意味着企业不能依照情势变更和经济性裁员的规定解除试用期员工的劳动合同。再如，一年期劳动合同，试用期能不能签两个月？按照《劳动合同法》第十九条第一款的规定，答案是可以的，因为“一年以上”包括“一年”本数。

---

① 在劳动法上，解除一般指合同未到期提前终止，而合同终止一般指合同到期终止，但也不尽然。比如，《劳动合同法》第四十四条规定的“（一）劳动合同期满的；（二）劳动者开始依法享受基本养老保险待遇的；（三）劳动者死亡，或者被人民法院宣告死亡或者宣告失踪的；（四）用人单位被依法宣告破产的；（五）用人单位被吊销营业执照、责令关闭、撤销或者用人单位决定提前解散的；（六）法律、行政法规规定的其他情形”都属于合同终止。

② 劳动争议调解一般指在第三方主持下双方达成一致，而和解一般指争议双方自行达成一致。

③ 在劳动法上，经济补偿金是指在劳动合同解除或终止后，用人单位依法一次性支付给劳动者的经济上的补助；而赔偿金是指一方给另一方造成损失的赔偿。

第二，有助于培养严谨专业的精神。作为非法律专业的HR，虽然没必要对所有法条精通，但是养成严谨专业的习惯是绝对必要的。实践中，HR经常要起草各种规章制度、合同、协议、通知等，平时要在第一线直面劳动者，文字和语言稍有不慎就有可能让公司陷于被动，甚至造成无法弥补的损失。

第三，有助于判断一个法律人的水平。实践中，我们有时候要求助法律专业人士，这就需要在短时间内判断一个人法律水平的高低，从而决定是否用他。笔者自己就经常通过一个法律人在说话、文字材料中的用词是否严谨专业来判断其水平高低。

总之，对企业HR来说，你不一定像律师般“专业”，但一定要像律师般严谨，更要学会如何判断一个律师是否专业。

专家建议

专业的事交给专业的人来做，这是现代社会分工精细化使然。在有条件的情况下，企业要充分信任和借助专业人士做好劳动争议风险防控、处理劳动关系纠纷。更为重要的是，企业要注重HR的日常学习和培训，培养其像训练有素的律师一样严谨、专业地开展工作。

换位思维:“恩爱”要秀给别人看

引 言

前段时间，一篇《离职能直接影响中国登月的人才，只配待在国企底层》的文章刷爆朋友圈。事件起因是西安某研究所因副主任设计师张某平离职向劳动仲裁部门提供的一份情况说明——《张某平参与我所型号研制情况》。其中提到张某平时，不乏“最关键的技术岗位”“灵魂人物”“具有不可替代的重要作用”等用词，甚至声称：“张某平个人的离职对这四型发动机的方案论证及研制工作均造成了极大的影响”，“甚至在某种程度上会影响到我国载人登月重大战略计划的论证和策划工作”。然而，文章被疯转一天后，张某平之前就职的西安某研究所领导出来回复说：“张某平主要搞论证、研发和理论计算，水平是有的，但因优秀的骨干较多，所以对全局并不会产生太大影响。”那之前研究所在提供给劳动仲裁部门的情况说明中为什么要夸大其词呢？笔者想，无非是想借此给劳动仲裁部门施压——“你看，这个人对企业、对国家非常重要，赶紧把他给我抓回来，否则，后果不是你能承担得了的”。

启 示

当前，在人力资源管理和劳动争议处理过程中，企业常犯的一个错误就是：随意、任性、不讲法律、自说自话，根本不顾及劳动者、劳动争议处理部门的感受。典型的例子还有某医院被曝出的公文，其中赫然写着“高层次人员不允许辞职”，全然不顾《劳动合同法》第三十七条明确规定的劳动者的自由离职权[①]。网上曾经有一句流行语“恩爱是秀给别人看的”，作为企业和HR也要有这种换位思维，时刻牢记要跳出自我，多从他人的角度思考，这样才能做出正确的决策，尽量减少或避免劳动纠纷。

据说，人的思维方式有三种：第一种是**“我要怎么样”**的思维模式，这也是绝大多数人的思维模式，也是每个人从幼儿时期开始的思维模式；第二种是**“我担心什么”**的思维模式，这种思维模式比第一种前进了一点，学会了把各种担心的风险因素考虑进去；第三种是**“关系”**的思维模式，在这种思维模式下，首先要跳出自我，从第三方的角度思考事件本身的各种关系。很明显，第三种思维模式下的决策更客观、理性。

比如，作为一名企业管理者，当你在处理一个违纪员工的时候，可能有以下几种思维模式：

第一种是“我要怎么样”的思维模式，大多数管理者就是这么思考的，面对员工违纪，根本不调查、不考虑、不推演，直接就说“我要开除他”“这种人坚决不能用”“花多大代价都要开除他”。这样的决策模式太武断，难免会出现问题（实践中很多企业败诉的案例都是管理者决策失误造成的）。

第二种是“我担心什么”的思维模式，一些管理者在运用第一种思维模式吃过

---

① 《劳动合同法》第三十七条规定：“劳动者提前三十日以书面形式通知用人单位，可以解除劳动合同。劳动者在试用期内提前三日通知用人单位，可以解除劳动合同。”

亏之后有所反思，在面对违纪员工时会考虑“这样做会不会有风险啊”“劳动仲裁会不会判我们输啊”。在这种思维模式下，管理者可能会做一些调查、取证，会征求法律专业人士的意见，能避免一些风险。

第三种是“关系”的思维模式，即首先跳出“自我”，从第三方（如劳动者、仲裁员、法官等）的角度去考虑，重点思考事件本身的各种“关系”。比如，开除这个员工，给公司整体带来的好处是什么？有没有不利方面？从裁判者角度考虑，能不能站得住脚？风险有多大？会给公司造成什么样的社会影响？从当事人角度考虑，会有什么样的影响？对方可能会有什么反应？经过这样的思考之后做出的决策才会更客观，避免造成无谓损失。

除了解除劳动合同之外，这种“关系”的思维模式还可以广泛地应用于管理员工关系。比如，经常有人问，劳动合同签订多长时间合适啊？

如果使用第一种思维模式的话，那可能就是“老板说签几年就签几年”。如果使用第二种思维模式，可能是“为避免形成无固定期限劳动合同，我得多签几年”或者“为了保持灵活性，我得少签几年”。而在第三种思维模式下，就会考虑这些因素：1. 劳动者本身素质；2. 相关岗位情况；3. 连续签订两次固定期限劳动合同就要签无固定期限劳动合同；4. 期限过长会丧失终止劳动关系的灵活性；5. 劳动合同期限与试用期的关系；6. 劳动合同期限与经济补偿的关系……这样综合考虑之后，可以确定一个合适的期限。

专家建议

实践中，很多劳动争议发生的根本原因不是企业管理者不懂法律知识，而是思维方式出了问题。比如，自恃强势地位，随意、任性处理职工，不考虑社会影响和成本；只是站在自己的角度考虑问题，没有从他人角度考虑问题。企业管理者一定要多站在第三方的立场上换位思考，这样才能做出客观的决策，从源头上避免风险。

第二篇

IP 法律实操技术提升

招聘广告莫任性

2016年4月，甲公司发布招聘广告公开招聘快递员，承诺：员工月平均工资4000元以上，工资由“基本工资1400元+食宿补贴300元+话费补贴100元+全勤奖50元+收派件提成+绩效奖”构成……提供油补，每月300元至900元。赵某看到上述招聘广告后，前往甲公司面试。双方于5月3日签订劳动合同，约定“工资标准按基本工资1450元/月+计件提成，计件提成按甲公司绩效考核制度执行，绩效考核制度调整的，按新制度执行”。2016年6月22日，赵某向甲公司发出离职申请，后以甲公司未及时足额支付劳动报酬，包括加班费、油补、食宿、话费补贴等为由提起劳动仲裁，要求支付拖欠费用及经济补偿金。案件审理过程中，赵某提交了甲公司招聘广告复印件，以证明其工资组成部分包括各项目补贴；甲公司答辩称广告仅仅是招聘噱头，不应作为事实依据。

法院认为，依据《劳动合同法》第三条规定的诚实信用原则，甲公司在招聘广告中载明的各项补贴项目系其对被招聘人员关于工资待遇等的承诺，意思表示真实有效，应作为合同的组成部分予以履行。最终，法院根据甲公司在招聘广告中的承诺条件，对赵某主张的食宿补贴、油补、话费补贴等及解除合同的经济补偿金，共计4636元予以支持。

招聘广告的承诺是否具有法律约束力，应依据合同法的一般理论。作为一种特殊的合同，劳动合同也应遵循要约—承诺的合同成立模式。根据《合同法》第十四条、第十五条的规定，要约是希望和他人订立合同的意思表示；要约邀请是希望他人向自己发出要约的意思表示。两者最根本的区别就在于要约有成立合同的具体确定的内容，经相对方承诺，合同即告成立；而要约邀请则不必也不应具备满足合同成立的内容，要约邀请本身对发出者并不具备法律约束力。因此，一般来说，用人单位发布招聘广告仅仅是希望不特定对象向自己发出订立劳动合同的要约，因此属于要约邀请，不构成劳动合同的组成部分。但是，需要注意的是，如果招聘广告的内容明确具体，具有一经劳动者承诺即发生法律效力的意思，则有可能被认定为要约，比如，案例中对工资待遇的承诺。本案法院从诚实信用原则的角度判决，不无道理，毕竟诚实信用原则作为民法的“帝王条款”，在劳动合同订立、履行、终止过程中也是要遵守的。因此，用人单位切莫在招聘广告中做出夸大或不实承诺，以免被认定为劳动合同的一部分。

风险提示

在招聘阶段，常见的法律风险有：

1. 招聘广告虚假宣传。招聘广告不实，一方面会面临行政处罚，另一方面有被认定为属于劳动合同组成部分的风险。

2. 招聘歧视。招聘歧视体现在各个方面，如性别、地域、民族等，如果用人单位在招聘中设置歧视性条件，排除部分人员的录用机会，就可能构成歧视。

操作指南

招聘是企业人力资源管理的第一关，也是一个非常重要的环节。相比于把人招进来之后觉得不行再解雇，在招聘环节做好评价和选择更能最大限度地减少用工成本和风险。因此，防控用工法律风险，应从招聘做起。用人单位在招聘员工时，应注意：

1. 录用条件应当明确具体，应对劳动者所需要的资质条件和岗位职责进行详细描述；

2. 录用条件不应含有对民族、种族、性别、宗教信仰等歧视的内容；

3. 确保招聘广告的内容真实，不得对待遇等做夸大宣传或虚假宣传，如确有必要在对相关待遇进行描述时，也应对适用条件和资历、阶段等进行适度明确，避免构成失实广告甚至虚假广告，在发生争议时也可作为相应的抗辩依据。

做好入职背景调查

某公司三名职工离职后要求用人单位支付加班费的案件裁决了，通知用人单位来领取裁决书。该公司的人事经理是个新面孔，据说刚刚从北京某公司跳槽到该公司。于是，笔者和她有了如下对话：

笔者："你们公司人事管理还有不完善的地方，虽然跟职工签订了离职协议，但其中并未约定加班费已经结清，所以职工又来起诉加班费……"

她："王仲裁，这个案子我知道我们输在哪儿了。"

笔者："哦，输在哪儿了呢？"

她："就在于我们没有进行入职背景调查，如果当时我就是人事经理，我一定会进行入职调查，一调查这几个人肯定不能录用，北京的很多公司招用员工的时候都做入职背景调查。"

笔者："是吗？那这么多人能调查得过来吗？"

她："调查不过来也得调查，这是必要的成本。"

好吧，笔者对她"举一反三"的精神表示无比钦佩！不过话说回来，入职调查确实很重要。现实中，很多企业不重视背景调查。一些用人单位只是把招聘过程简单理解为简历筛选、面试等基础工作。其实，入职是一个员工的进口，把好进口关，能最大限度地预防和减少劳动纠纷，也能减少公司成本。前段时间笔者处理了一起某公司与财务负责人解除劳动合同纠纷案件，公司最后赔了 40 多万元还没能解除劳动合同。其实，如果该公司做了入职调查的话，就会发现这名财务负责人在上一个公司离职的时候也打过官司，确实可能避免这个损失。那么怎么做入职背景调查呢？入职背景调查又要调查什么呢？

根据《劳动合同法》第八条，用人单位有权了解劳动者与劳动合同直接相关的基本情况，劳动者应当如实说明。因此，在确立劳动关系之前，用人单位有权充分了解劳动者的真实情况，做好背景调查正是用人单位行使其知情权的体现。建议公司正式录用前，首先要求应聘者如实、完整地填写《应聘登记表》，对于用人单位希望了解的与订立、履行合同密切相关的事项均应如实填写，同时可以要求应聘者完整填写与其有工作关系的证明人姓名及联系方式。背景调查一般应包含以下几项内容：

1. 在各任职机构的服务时间、职位、晋升或降职情况、离职原因；

2. 实际工作内容和责任、业绩评估情况；

3. 曾任职位的薪酬福利状况；

4. 知识技能、学历、工作能力、态度和性格特征等；

5. 身体健康状况；

6. 有无竞业限制义务以及义务履行情况；

7. 有无劳动争议或纠纷；

8. 其他与订立或履行劳动合同相关的内容。

风险提示

未做背景调查可能会导致：

1. 招用的员工可能无法胜任工作或者存在不诚信等问题；

2. 劳动者提供的情况虚假导致劳动合同无效，企业为此付出额外费用。

操作指南

1. 背景调查主要针对公司的中高级管理人员和核心技术人员等，对一线劳动者没必要做背景调查。

2. 企业要主动询问与劳动合同直接相关的情况，但不得侵犯劳动者的隐私权（如是否怀孕等）。

3. 针对劳动者自我陈述的情况、提交的资料，要进一步核实真实性。

4. 做好证据固定工作。比如，让劳动者在相关表格、文件上签字并声明确保其真实性，否则将承担相关责任，也可在《劳动合同》中约定：如劳动者简历虚假或提供的材料不真实将被认定为“不符合录用条件”，公司可以无补偿解除劳动合同。

还要提醒一句，背景调查一定要通过合法的方式进行，最好征得劳动者的同意。

就业协议不能代替劳动合同

小孙是一名应届毕业生，2018年5月与一家软件公司签署了《毕业生就业协议书》。工作一段时间后，小孙以公司没有与其签订劳动合同为由，向当地劳动争议仲裁委员会申请仲裁，要求公司支付未签劳动合同的双倍工资6000元。庭审中，公司答辩称，与小孙签订了《毕业生就业协议书》，其中有工资、社保等事项的约定，内容与劳动合同无异，因此无须再签订劳动合同。

关于就业协议，全称为“普通高等学校毕业生就业协议书”，它是明确毕业生、用人单位、学校三方权利义务的协议。就业协议虽然有毕业生与用人单位建立劳动关系的意思表示，但它与劳动合同还是有明显区别的：就业协议是三方协议，而劳动合同是劳动者与用人单位的双方协议；就业协议是教育部门制定的格式文本，只有应届毕业生才需要签订，而劳动合同应当是企业和劳动者双方经协商制定的，所有劳动者都需要签署；就业协议的目的是确保毕业生按时到企业报到，而劳动合同大多是从报到之后才开始签订；最后也是最重要的区别是，就业协议适用民法（主要是《合同法》），而劳动合同则适用《劳动合同法》。因此，就业协议不等同于劳动合同，也不能替代劳动合同，最终劳动争议仲裁委员会裁决支持小孙的仲裁请求。

风险提示

企业在劳动者入职过程中可能与其签订各种协议，如果有些具有劳动合同的形式可能会被认定为劳动合同，但是 HR 不要把希望寄托在偶然性上，一定要及时与劳动者签订正式、规范的劳动合同，否则会有支付双倍工资风险。

操作指南

企业切不可把就业协议当作正式劳动合同，在劳动者入职后一个月之内就要与其签订书面劳动合同。

如何设计一份完善的劳动合同？（上）

劳动合同，是劳动者与用人单位之间确立劳动关系，明确双方权利和义务的协议。劳动合同一经签订即具有法律约束力，用人单位和劳动者均应按照劳动合同的约定，全面履行各自的义务。劳动合同在企业人力资源管理中的重要性不言而喻，因此设计一份完善的劳动合同至关重要。

《劳动合同法》第十七条规定："劳动合同应当具备以下条款：（一）用人单位的名称、住所和法定代表人或者主要负责人；（二）劳动者的姓名、住址和居民身份证或者其他有效身份证件号码；（三）劳动合同期限；（四）工作内容和工作地点；（五）工作时间和休息休假；（六）劳动报酬；（七）社会保险；（八）劳动保护、劳动条件和职业危害防护；（九）法律、法规规定应当纳入劳动合同的其他事项。劳动合同除前款规定的必备条款外，用人单位与劳动者可以约定试用期、培训、保守秘密、补充保险和福利待遇等其他事项。"一份完善的劳动合同不仅需要有《劳动合同法》规定的必备条款，而且要根据本企业情况约定一些特殊条款。很多企业在拟定劳动合同时习惯于大量甚至是基本重复法律规定，这样做倒是不违法，不过实用性不强，等发生劳动争议时很难找到相应的条款适用。正确的做法是必备条款一定要有，同时也要结合本企业情况有所补充和创新。下面先逐一说说必备条款。

一、双方基本情况

1. 建议在劳动者基本情况处增加紧急联系人条款，以备将来无法联系到劳动者时，通知紧急联系人即可。

2. 建议增加声明真实性条款，如“双方声明，保证签订劳动合同之前向对方提供的与履行劳动合同相关的各项信息真实有效，没有任何伪造、欺骗和故意隐瞒的内容，如甲、乙双方以上信息存在虚假内容，则应各自承担由此带来的法律责任和后果”。

二、劳动合同期限

1. 关于期限，可以在固定期限、无固定期限和以完成一定工作任务为期限之中任选一种，一般情况下为固定期限。

2. 可以规定顺延条款，如“若合同到期双方无异议，可自动顺延一年，视为续签劳动合同”。这样做的好处是如果到期因各种原因未及时续签合同的话，用人单位可以避免支付双倍工资，但是因为顺延视为续签，仍然要注意连续签订两次固定期限劳动合同后就要签订无固定期限劳动合同的问题。

三、工作内容和工作地点

1. 关于工作内容。应注意，《劳动合同法》将原来劳动合同必备条款中的“工作岗位”改为“工作内容”是有深意的，工作内容相比工作岗位更具体、更细化。比如，现在很多企业将工作内容约定为人事经理、会计等岗位，但人事经理的职责是什么、会计的工作范围有哪些，这些都很容易产生纠纷。所以，在约定工作内容的时候，如果劳动合同中无法详细约定，一定要辅以“岗位说明书”，明确员工需要完成哪些工作。

2. 工作地点。工作地点的约定既不能过于宽泛，又不能过于狭窄。比如，约定为“× × 路 × × 号”，这样就过于具体，不利于企业的人事管理。再如，约定为“北京市”或“山东省”又过于宽泛，司法实践中一般会按照劳动合同实际履行地来确定工作地点，这样就使劳动合同的约定失去了意义。比较合理的做法是约定为“× × 市 × × 区”，或者约定为公司（分公司）的几个所在地，增加管理的灵活性。

3. 确认管理权条款。比如，可以约定，用人单位为适应生产经营需要可以对员工的相关工作作出必要的调整，对此，员工确认已被事先如实告知，并已表示接受。

四、工作时间和休息休假

1. 工作时间。根据需要，可以选择标准工时制、不定时工时制和综合计算工时制，后两者需要到劳动保障行政部门提前审批。标准工时是指每日工作时间不超过八小时，每周最长不超过四十小时，每周至少休息一日。

2. 休息休假。国家对休息休假有明确规定，在劳动合同中可以不详细约定，也可以单独制定休息休假的规章制度。

3. 加班限制。为避免劳动者滥用加班，可约定公司加班需要提前审批，凡需要加班的，应事先向公司提交书面申请，经书面批准后方可加班。

五、劳动报酬

1. 劳动报酬部分一般应当约定工资数额、构成项目、发放形式、发放时间等。

2. 可以约定一个基本工资，作为加班费、带薪年休假等工资的计算基数。

3. 可以约定工资异议及时提出条款，如“劳动者对劳动报酬有异议时，应在当月工资转入其银行账户起 5 日内以书面形式向公司提出，逾期未提出异议的，视为确认公司已经及时足额支付劳动报酬”。

六、社会保险

实践中，有的企业与劳动者约定不缴纳社会保险或者将社会保险折算成补贴发放，这些都是违法的，而且无法避免风险。

七、劳动保护、劳动条件和职业危害防护

一定要有这部分，具体内容根据本企业情况将法律规定予以细化、具体化即可。

风险提示

根据《劳动合同法》第八十一条的规定，用人单位提供的劳动合同文本未载明本法规定的劳动合同必备条款的，由劳动行政部门责令改正；给劳动者造成损害的，应当承担赔偿责任。

操作指南

劳动合同对企业人力资源管理的重要性不言而喻。企业在拟定劳动合同条款时，不能简单地照搬照抄《劳动合同法》规定的必备条款，在内容方面一定要结合本企业实际情况有所细化、有所创新，只有这样，真正发生争议的时候才能有的放矢。

如何设计一份完善的劳动合同？（下）

在劳动合同中，除了《劳动合同法》规定的必备条款外，还应当根据企业实际情况和需要增加一些补充条款。一般说来，主要有以下一些补充条款。

一、试用期条款

一般包括试用期期限、试用期工资、试用期考核等内容。

二、培训条款

主要是界定《劳动合同法》规定的培训类型、培训费范围，约定服务期和违约金。

三、保密和竞业限制

实践中，用人单位往往在同一份协议中约定保密和竞业限制，但这绝不意味着保密和竞业限制是一回事，保密和竞业限制实际上是两个法律概念。保密是劳动者的法定义务，即使用人单位与劳动者不约定保密义务，劳动者也要履行。而竞业限制是约定义务，不约定则劳动者无此义务。另外，竞业限制要支付补偿，切不可将保密费当作竞业限制补偿。关于保密和竞业限制，后文会单独详述。

四、公示条款

为防止出现有关规章制度效力的纠纷，可以在劳动合同中约定规章制度已经向劳动者公示的条款。比如，“甲方依法建立和完善各项规章制度，并将各项规章制度进行公示或者以培训、电子邮件、公司信息平台等方式告知乙方，乙方已了解和知悉”。

五、送达条款

为防止在解除或终止劳动合同时员工不接收相关通知书等，可以在劳动合同中约定解除或终止劳动合同书面通知的送达条款。比如，“甲方有关书面文件、通知无法直接送达给乙方时，乙方确认劳动合同中所填写的家庭住址为邮递送达地址”。

六、“岗变薪变”条款

为防止调职调薪时发生争议，可以在劳动合同中约定“岗变薪变”条款。比如，“若乙方不能胜任工作而被调整工作岗位，工资会按照调岗的岗位适当地调整”。

七、解除合同通知条款

实践中，有的劳动者经常以“部门经理告诉我不用来了”“人事部口头通知我被辞退了”等理由不到公司上班，而到了劳动仲裁阶段，用人单位又否认与劳动者解除劳动合同的事实。为防止发生此类纠纷，建议约定解除合同通知条款。比如，“甲方解除或终止与乙方的劳动合同的意思表示仅通过甲方人力资源部门盖有单位公章的解除劳动合同通知书的形式进行。甲方之任何工作人员以其他方式对该意思所进行的表示均不对乙方产生任何效力，乙方在此情况下仍应继续履行劳动合同约定的权利与义务”。

八、离职交接条款

在离职交接中发生的争议越来越多，建议在劳动合同中约定离职交接的内容、交接完成标准、交接人等事项，避免发生纠纷。

九、相关附件

为降低发生劳动纠纷时的举证难度，建议在劳动合同中加入如下附件：公司规章制度；劳动者的承诺书；岗位职责或岗位要求以及相关考核标准（应尽量详细）。

十、其他条款

除了以上条款，企业还可以在符合法律的前提下，根据实际情况约定一些其他事项，如用人单位的管理权利。

实践中，还有一些用人单位与劳动者约定劳动争议的管辖，关于劳动争议的管辖权法律有明确规定，即使做了约定也是无效的，无法起到排除仲裁管辖或选择有利管辖地的目的。

风险提示

未约定补充条款的，企业就不能很好地维护自己的权益，对于一些没有约定或约定不明确的模糊地带，劳动争议仲裁委员会或者法院一般采取有利于劳动者的解释，企业败诉的风险增加。

操作指南

除必备条款外，企业还应当根据劳动法律以及审判实务的发展变化，设计一些有效、实用的补充条款。完善的劳动合同是预防劳动争议的第一步，而且是成本最小的一步，一定要高度重视。

这些不签订劳动合同的理由都不成立

自2008年1月1日《劳动合同法》实施，未签劳动合同支付双倍工资就成了高悬在企业——尤其是中小企业头上的达摩克利斯之剑，随时都可能掉落；对劳动者来说，提起劳动仲裁不要求双倍工资就像去全聚德不点烤鸭、去北京不游故宫一样。现实中，用人单位不签劳动合同的理由多种多样，但能站得住脚的寥寥无几。

仲裁员：被申请人，你为什么不签劳动合同？

被申请人：我们是小企业，一共才几个人，没必要签劳动合同吧？

案例释解：法律可不会管你是大企业还是小企业，只要是《劳动合同法》规定的用人单位，哪怕你是个体工商户，哪怕你只聘用了一个人，都必须签劳动合同，否则将付出沉重的代价。

仲裁员：被申请人，你为什么不签劳动合同？

被申请人：我们企业每月按时发工资，也依法缴纳社保，不就是缺一份书面的劳动合同嘛，有什么要紧的！

案例释解：可别小看这份合同，自2008年以来有太多的企业已经感受到了它的“威力”，甚至你不及时发工资、不缴纳社保都不会有额外的惩罚，劳动者投诉或者起诉时补上就行了，但不签合同就要实实在在地多支付一倍工资。

仲裁员：被申请人，你为什么不签劳动合同？

被申请人：这个人是公司高管，其他员工都签了，就这个人被公司疏忽了。

案例释解：不管是公司管理层还是普通员工，只要是有劳动关系的，都要签订劳动合同。实践中，虽然有总经理或者人事主管等负有签订劳动合同职责的人主张双倍工资不被支持的判例，但记住，人力资源管理首要的是规避风险，不要把希望寄托在不确定性上。

仲裁员：被申请人，你为什么不签劳动合同？

被申请人：我们签了，只是合同到期之后双方一直没有协商达成新合同，就一直耽搁了下来。

案例释解：劳动合同到期后，用人单位必须在一个月内终止劳动合同或者续订新合同，如果超过一个月仍然继续用工且未签新合同的话，也要支付双倍工资，所以如果不能达成签订新合同的合意，请及时终止劳动合同。

仲裁员：被申请人，你为什么不签劳动合同？

被申请人：我们签了啊，当时我们把劳动合同发给大家，让大家签好之后第二天收回来，谁知道现在申请人否认是他签的字。

案例释解：签订劳动合同一定要在公司现场签，并且公司要派人监督，否则人家签个“麻辣鸡丝”给你你也不知道。

仲裁员：被申请人，你为什么不签劳动合同？

被申请人： 那天我们签劳动合同，老李正在干活就让我帮他签，我就帮他签上了。

案例释解： 这位 HR 还真“实诚”，不过这回实诚的孩子也得受惩罚了，无论何种情况都不能代人签合同，这不仅是需要承担责任的问题，更是一种专业素养。

仲裁员： 被申请人，你为什么不签劳动合同？

被申请人： 我们确实签了，可是劳动合同被申请人借走了就没还回来。

案例释解： 妥善保管劳动合同也是用人单位的法定职责，申请人承认借走劳动合同还好说，如果不承认，用人单位又没证据的话，那还是得承担责任。

仲裁员： 被申请人，你为什么不签劳动合同？

被申请人： 我们也想签啊，但申请人说不要公司缴纳社保，就不用签合同，所以我们才没签。

案例释解： 见过太多这种抱怨劳动者不签劳动合同的老板了，笔者的唯一建议就是对这种人要么不用，要么就签劳动合同，否则吃亏的还是自己。而且，根据《劳动合同法实施条例》的规定，在一个月之内辞退的话，还不用支付经济补偿金。

仲裁员： 被申请人，你为什么不签劳动合同？

被申请人： 他在原来单位属于内退人员，现在社保还在原来单位缴纳呢，我们跟他只是劳务关系。

案例释解：《最高人民法院关于审理劳动争议案件适用法律若干问题的解释（三）》第八条明确了未达到法定退休年龄的内退人员因与新的用人单位发生用工争议的，按照劳动关系处理，所以只要劳动者在公司上班，接受公司的管理，公司给他发工资，这就是劳动关系，就要签劳动合同。

风险提示

未签劳动合同可能会导致：

1. 用工超过一个月不满一年的，每月支付双倍工资；

2. 超过一年未签订的，视为双方订立无固定期限劳动合同。

操作指南

用工一个月之内就要签订书面劳动合同，这是企业老板和HR应当掌握的常识。许多HR问，员工就是不签劳动合同怎么办？法律给出的答案是，如果用工未超过一个月，可以书面通知劳动者终止劳动关系，不用支付经济补偿金；如果用工超过一个月的，应当书面终止劳动关系，并且支付经济补偿金[①]。说白了，不签劳动合同的员工就不能用，除非法律规定有所改变，否则这就是最佳解决办法。

---

① 《劳动合同法实施条例》第五条规定："自用工之日起一个月内，经用人单位书面通知后，劳动者不与用人单位订立书面劳动合同的，用人单位应当书面通知劳动者终止劳动关系，无需向劳动者支付经济补偿，但是应当依法向劳动者支付其实际工作时间的劳动报酬。"

《劳动合同法实施条例》第六条规定："用人单位自用工之日起超过一个月不满一年未与劳动者订立书面劳动合同的，应当依照劳动合同法第八十二条的规定向劳动者每月支付两倍的工资，并与劳动者补订书面劳动合同；劳动者不与用人单位订立书面劳动合同的，用人单位应当书面通知劳动者终止劳动关系，并依照劳动合同法第四十七条的规定支付经济补偿。前款规定的用人单位向劳动者每月支付两倍工资的起算时间为用工之日起满一个月的次日，截止时间为补订书面劳动合同的前一日。"

不与高管签订劳动合同有风险

李某于2014年11月到某服装公司工作，任副总经理，负责该企业销售管理、财务审核及工资发放等事宜。双方没有签订书面劳动合同，公司从2015年3月起为李某缴纳社会保险。2015年10月，李某主动提出辞职。后李某以公司未与其签订书面劳动合同为由，向当地劳动仲裁部门申请仲裁，要求公司支付双倍工资。仲裁机构支持了李某的请求，公司不服仲裁裁决遂诉至法院。

公司诉称，被告李某是公司高管，从业经验丰富、法律意识较强，即使用人单位未主动与其签订劳动合同，其本人也应当提请与用人单位签订劳动合同。此外，公司称曾多次通知被告李某订立书面劳动合同，因被告拒绝订立而未订立，被告主观上存在较大过错，故不应归责于用人单位。

法院认为，被告虽为公司高管，但人事管理并不属于其职责范围，且公司无证据证明被告存在疏忽或故意不签订劳动合同，故不能将其与其他劳动者区别待遇。因事实上双方未签订书面劳动合同，故驳回公司不予支付二倍工资差额的请求。

实践中，确实在很多判例中企业高管要求未签劳动合同的双倍工资不被裁判机关支持。在各地的司法解释、裁判意见中，也多有类似规定。比如，《北京市高级人民法院、北京市劳动争议仲裁委员会关于劳动争议案件法律适用问题研讨会会议纪要（二）》第三十一条规定："用人单位法定代表人依据《劳动合同法》第八十二条规定向用人单位主张二倍工资的，一般不予支持。用人单位高管人员依据《劳动合同法》第八十二条规定向用人单位主张二倍工资的，可予支持，但用人单位能够证明该高管人员职责范围包括管理订立劳动合同内容的除外。对有证据证明高管人员向用人单位提出签订劳动合同而被拒绝的，仍可支持高管人员的二倍工资请求。用人单位的人事管理部门负责人或主管人员依据《劳动合同法》第八十二条规定向用人单位主张二倍工资的，如用人单位能够证明订立劳动合同属于该人事管理部门负责人的工作职责，可不予支持。有证据证明人事管理部门负责人或主管人员向用人单位提出签订劳动合同，而用人单位予以拒绝的除外。"《上海市高级人民法院关于审理劳动争议案件若干问题的解答》第五条规定："对于一些企业经理、人事主管等负责企业人力资源管理的高管，通过隐匿书面劳动合同等不良手段，使用人单位无法提供已签订过的书面劳动合同，企业高管以此为由主张双倍工资差额的，我们认为，用人单位虽无法提供书面劳动合同的原件，但有其他证据证明双方已签订了书面劳动合同的，不属于《劳动合同法》第 82 条第 1 款关于用人单位未与劳动者订立书面劳动合同的情形，对其提出要求用人单位支付双倍工资差额的诉请不予支持。"

但请注意，首先，在法律法规层面，并没有企业高级管理人员不适用双倍工资的规定；其次，在实践层面，很多地方基于诚信考量和过错原则，对于高管请求双倍工资进行了一定的限制，但也仅仅是给企业增加了举证责任，要求企业证明在高管恶意不签订劳动合同的情况下才不适用双倍工资。企业千万不要认为，仲裁、法院"一刀切"地对所有高管的双倍工资请求都不予支持。

风险提示

企业如果不与高管签订劳动合同，仍然可能付出双倍工资的代价，所以最好的办法就是从源头上将风险控制住。

操作指南

企业要确保与所有员工签订书面劳动合同，法定代表人要真正负起责任，定期监督、检查。同时，为了防止企业高管利用双倍工资制度为自己或者利害关系人牟利，还可以在公司章程、规章制度等文件中规定，对于高管违反审慎、勤勉义务造成公司双倍工资损失的，要对公司承担相应的赔偿责任。

无固定期限劳动合同非“洪水猛兽”

笔者曾在网上看到这样一篇报道：

李某于2006年开始在某航空公司做空姐，与航空公司全资子公司北京金凤凰人力资源服务有限公司（以下简称金凤凰）签订劳务派遣合同，第一次从2006年签到2014年，第二次续约从2014年1月签到2017年。和金凤凰续约半年多后，李某被告知有机会可以跟航空公司直接签约，这个被称作“转制”。李某于2014年9月1日直接和航空公司签约，签约前，李某按规定和金凤凰签署了一份“自愿离职”的合约，未索要经济补偿。然而和航空公司3年合约即将期满，李某准备续约时，却被告知对方不准备和她续约了。“没有任何理由。”李某说，其所在航空公司只承认与她有3年合约，对此次不续约答应赔偿3+1（4个月工资）的经济损失。在劳动仲裁中，航空公司一方否认和李某在2014年9月1日签约前的劳动关系，表示李某在金凤凰工作的年限不应当与在航空公司的年限连续计算，并称李某后来和航空公司签约是自愿行为。金凤凰则辩称，2014年8月底，李某是自愿和金凤凰解除劳动合同的，不应该索要补偿金。经仲裁，某区劳动仲裁委员会采信航空公司与李某建立劳动关系的起始时间为2014年9月1日的说法，最后裁决航空公司支付李某终止劳动合同经济补偿金1.7万元（4个月工资），驳回其他仲裁请求。李某不服仲裁，向法院起诉。法院审理过程中，被告航空公司方辩称，李某和被告于2014年9月1日签订劳动合同，期限为3年，仅签订一次劳动合同，李某与航空公司之间不存在无固定期限劳动关系，要求法院驳回原告起诉。“航空公司在‘派遣制劳动关系转换改革’时，已就相关事宜告知了员工，是航空公司依法深化改革用工制度。”被告代理人说，当时向员工明确和航空公司签约还是继续和金凤凰签约属于自愿，因此不存在“规避”和“强迫”。关于经济补偿金的数额，航空公司表示，2014年8月29日是李某因个人原因向金凤凰提交辞职报告，不应该计算进航空公司的工作年限。

“综合当时的情况看，2014年8月李某正怀孕，她和金凤凰解约是自愿，不拿任何经济补偿金，是因为她当时不认为那是解除，而认为是转换。”在法庭询问中，李某代理人介绍，当时的大背景是航空公司要进行“转正、转制”，从空姐中“考核选拔”出人员签约，“挑选的都是乘务长职位的空姐，对员工来讲是个奖励。”

最终双方同意庭后调解。

《劳动合同法》第十四条规定：“无固定期限劳动合同，是指用人单位与劳动者约定无确定终止时间的劳动合同。用人单位与劳动者协商一致，可以订立无固定期限劳动合同。有下列情形之一，劳动者提出或者同意续订、订立劳动合同的，除劳动者提出订立固定期限劳动合同外，应当订立无固定期限劳动合同：（一）劳动者在该用人单位连续工作满十年的；（二）用人单位初次实行劳动合同制度或者国有企业改制重新订立劳动合同时，劳动者在该用人单位连续工作满十年且距法定退休年龄不足十年的；（三）连续订立二次固定期限劳动合同，且劳动者没有本法第三十九条和第四十条第一项、第二项规定的情形，续订劳动合同的。用人单位自用工之日起满一年不与劳动者订立书面劳动合同的，视为用人单位与劳动者已订立无固定期限劳动合同。”

由以上规定可以看出，无固定期限劳动合同的签约条件主要有两种情况：一是连续工作满十年，二是连续两次订立固定期限劳动合同。实践中，很多企业害怕与员工签订无固定期限劳动合同，形成无法终止的“铁饭碗”。因此，个别企业想方设法规避法律规定，以避免达成无固定期限劳动合同的签订条件。常用的手段有：1. 变换用人单位。比如，有些集团公司旗下有多个子公司，由不同的子公司分别与劳动者签订劳动合同，或者像案例中的航空公司一样，分别由本公司和劳务派遣公司与劳动者签约。由于《劳动合同法实施条例》第十条明确规定，劳动者非本人原因从原用人单位被安排到新用人单位工作的，劳动者在原用人单位的工作年限合并计算为新用人单位的工作年限，所以这样做并不能避免“连续工作满十年”的条件达成。2. 让劳动者辞职，工作年限清零。比如，用人单位要求劳动者辞职一段时间后再入职，或者在劳动合同到期后终止劳动合同，过一段时间再聘用，让连续工作年限或连续两次固定期限劳动合同发生“中断”，以此来规避签订无固定期限劳动合同。在《劳动合同法》实施前夕，就发生了一起著名的“工龄清零”事件：2007 年 10 月底至 11 月初，某著名手机公司补偿 10 亿元人民币鼓励 7000 名员工自愿离职，工龄清零后重新签订劳动合同，在当时引起轩然大波。

在国家法律法规层面，目前还没有针对恶意规避签订无固定期限劳动合同的规定，但各地审判意见多有规定。比如，山东省高级人民法院、山东省劳动争议仲裁委员会、山东省人事争议仲裁委员会《关于适用〈中华人民共和国劳动争议调解仲裁法〉和〈中华人民共和国劳动合同法〉若干问题的意见》第二十七条规定：“用人单位具有恶意规避劳动合同法第十四条的下列行为，劳动者的工作年限和订立固定期限劳动合同的次数应当连续计算：（1）有证据证明劳动者因用人单位原因被迫辞职的，再重新与其订立劳动合同的；（2）通过设立关联企业，在与劳动者订立劳动合同时交替变换用人单位名称的；（3）通过非法劳务派遣的；（4）通过非法非全日制用工的；（5）其他明显违反诚信和公平原则的规避行为。”从案例情况来看，航空公司有可能构成第一项或第三项。仲裁机构和法院应当重点审查航空公司是否存在恶意规避签订无固定期限劳动合同的行为。一旦认定航空公司构成恶意规避，则李某在金凤凰的工作年限可以与航空公司的工作年限连续计算，也就是说李某可以请求法院判决用人单位违法终止劳动合同，要求签订无固定期限劳动合同，或者要求赔偿金。

风险提示

无固定期限劳动合同并非洪水猛兽，企业完全没必要闻之色变，挖空心思去规避。那样，不仅要承担败诉的风险，还会对公司的声誉造成不利影响，得不偿失。

操作指南

1. 对本单位工作近十年的员工进行评估，评估结果为一般的，可在满十年前终止劳动关系。

2. 合理选择劳动合同期限。首次签订劳动合同以 2—3 年为宜，第一次劳动合同到期时应对劳动者的工作能力与业绩进行慎重评估，决定是否续签，如决定续签可适当延长劳动合同期限。

3. 在合同到期时可书面向劳动者征求续订哪种形式合同的意见，并保留好相关证据。

关于试用期的那些“坑”

试用期是指劳动者入职时，用人单位对劳动者进行考核，同时劳动者也考核用人单位是否符合自己要求的期限，这是一种双向选择的表现。关于试用期，虽然《劳动合同法》等法律法规有比较详尽的规定，但实践中企业仍有一些常见的误解。

误解一：试用期过后再签正式劳动合同

个别用人单位习惯先与劳动者签订试用期合同或者口头约定一个试用期，并约定试用期满后签订正式劳动合同。对此，《劳动合同法》第十九条第四款规定：“试用期包含在劳动合同期限内。劳动合同仅约定试用期的，试用期不成立，该期限为劳动合同期限。”因此，如果用人单位仅约定了试用期，那么这个期限将被认为是劳动合同期限。对用人单位而言，这是很不利的：一方面，此期间用人单位要按照正式劳动合同期间支付待遇；另一方面，试用期满再签订劳动合同将被视为续订劳动合同，从而很容易达成签订无固定期限劳动合同的条件。

误解二：试用期期限可以随便约定

一些用人单位根本不顾及劳动合同期限，随意约定试用期，殊不知这样会给公司带来重大损失。《劳动合同法》第十九条第一款明确规定："劳动合同期限三个月以上不满一年的，试用期不得超过一个月；劳动合同期限一年以上不满三年的，试用期不得超过二个月；三年以上固定期限和无固定期限的劳动合同，试用期不得超过六个月。"违反试用期期限规定的后果是什么呢？《劳动合同法》第八十三条规定："用人单位违反本法规定与劳动者约定试用期的，由劳动行政部门责令改正；违法约定的试用期已经履行的，由用人单位以劳动者试用期满月工资为标准，按已经履行的超过法定试用期的期间向劳动者支付赔偿金。"举一个例子进行说明：小李与A公司签订了两年期劳动合同，其中约定试用期为三个月，试用期工资为每月3600元，转正后每月4000元。双方合同到期后，A公司不再与小李续约，并同意支付两个月工资作为经济补偿金。小李认为，自己与公司签订的劳动合同期限为两年，按照《劳动合同法》的规定，试用期不能超过两个月，而公司与自己约定了三个月的试用期并已经履行，因此要求公司予以赔偿。小李申请仲裁后，仲裁委员会审理后支持了小李的请求，裁决A公司按照试用期满月工资4000元标准支付小李一个月的赔偿金。

误解三：试用期内可以随意解除劳动合同

无论是对于劳动者还是用人单位来说，试用期内都不可以随意解除劳动合同。对劳动者来说，虽然同正式劳动合同期限一样，解除不需要理由，但仍要提前三天向用人单位提出书面解除劳动合同通知，而用人单位是不能拒绝劳动者辞职的。对用人单位来说，根据法律规定，除劳动者有《劳动合同法》第三十九条和第四十条第一项、第二项规定的情形外，用人单位不得解除劳动合同。用人单位在试用期解除劳动合同的，应当向劳动者说明理由。总结一下，用人单位在试用期与劳动者解除劳动合同与正常合同期内解除有以下区别：1. 多了一种情形。根据《劳动合同法》第三十九条第一项，在试用期间被证明不符合录用条件的，用人单位可以解除劳动合同。注意，不符合录用条件不等同于严重违纪，需要有证据证明。2. 少了两种情形。《劳动合同法》第四十条第三项规定的“劳动合同订立时所依据的客观情况发生重大变化，致使劳动合同无法履行，经用人单位与劳动者协商，未能就变更劳动合同内容达成协议的”以及第四十一条规定的经济性裁员。

风险提示

企业对试用期操作不当可能导致的风险有：

1. 试用期不签订劳动合同可能导致双倍工资；

2. 试用期超过法定标准的，由劳动行政部门责令改正，如违法约定试用期已履行的，以试用期满月工资为标准，按已经履行的超过法定试用期的期间向劳动者支付赔偿金；

3. 试用期违法解除的可能导致支付赔偿金。

操作指南

1. 企业千万不要误以为试用期内还没有建立劳动关系就可以不签劳动合同，试用期应当是包含在合同期内。

2. 试用期间应当严格遵守法定标准，如果想多一点时间考察，可以通过延长劳动合同期限的方式进行。

3. 试用期内辞退劳动者的，理由选择很重要，如“证明不符合录用条件”和“不胜任工作”，不同的选择，需要的条件不同，法律后果也不同。

平台用工的风险防范

【案例一】

上海乐快信息技术有限公司（以下简称乐快公司）运营一款名为好厨师的App，可在线预约厨师上门提供烹饪服务。孙某于2015年4月15日入职乐快公司任厨师，月工资5000元，每天从上午10点工作到晚上6点，双方没有签订书面的劳动合同，乐快公司也没有为他缴纳社会保险，也没有向他提供加班费和带薪年休假待遇。公司于2015年10月8日解除了与孙某的劳动关系。为此，孙某起诉要求确认双方存在劳动关系，公司应向其支付解除劳动关系的经济补偿金、没有签订合同的二倍工资差额及加班费等共计52000余元。同时，孙某要求公司为其补缴各项社会保险。运营好厨师App的乐快公司则认为，孙某与公司的好厨师平台之间是平等商务合作关系，并非劳动关系。根据双方在合作之初签订的一份名叫合作协议的文本，协议约定孙某无须接受公司管理，在平台客户处提供临时性的厨师劳务服务，并且服务地点也是由客户进行指定的，作为合作厨师其具有拒绝调配的权利，没有工作摊派的性质，据此，请求法院驳回孙某的起诉。

法院认为，本案的争议焦点在于孙某与乐快公司是否构成劳动关系。本案中，乐快公司提供了与孙某签订的合作协议，合作协议中约定双方合同关系性质系商务合作，并约定双方之间的法律关系不直接或间接构成劳动关系。乐快公司以此主张双方不构成劳动关系。法院认为：劳动关系的建立固然要尊重双方当事人的意思自治，但不同于一般的民商事法律关系，劳动法律关系中当事人的意思自治要受到《劳动法》《劳动合同法》等法律、法规及劳动行政部门颁布的规范性文件的严格限制，劳动关系认定与否是由强制性规范予以认定的范畴，不能仅凭当事人的书面约定就排除劳动关系，仍要结合双方的“合作”模式和劳动者的具体工作内容予以确定。最终，法院判决确认了双方之间存在劳动关系，并判决被告向原告支付违法解除劳动关系赔偿金。

【案例二】

王某是某网络游戏的职业玩家，拥有较高人气的他，在参赛之余做起了网络游戏主播，吸引了众多粉丝围观、赠送礼物、打赏，订阅粉丝数达几十万人。某直播平台看中王某的高人气，决定将其挖到自家直播平台进行独家直播。2015 年 12 月，王某与上海某互娱文化有限公司（以下简称互娱文化公司）签订《直播主播独家合作协议》，由该公司安排其在公司旗下直播网站上指定直播房间主播。协议约定，未经允许，王某不得在任何第三方互联网平台上进行直播分享，不得为公司制定或者认可范围外的游戏进行直播、视频发布及解说，双方合作期限为 3 年。此外，协议还对王某在合作期内的直播天数、直播时长及直播报酬进行了约定。当王某拿到互娱文化公司支付的报酬时，发现公司未帮他缴纳五险一金。王某很纳闷，他认为自己和公司已经形成劳动关系，公司理应为自己缴纳社会保险费。然而，公司以王某非公司员工为由，拒绝了王某的这一要求。后来，王某要求互娱文化公司与其补签《劳动合同》，同样遭到公司的拒绝。2016 年 2 月，王某退出互娱文化公司旗下直播网站的指定直播房间，并向劳动人事争议仲裁委员会申请仲裁，要求确认

2015年12月7日至2016年1月31日自己与互娱文化公司存在劳动关系，互娱文化公司应支付2015年12月7日至2016年1月31日未签订劳动合同期间的两倍工资差额。

仲裁委员会以王某的请求事项超过仲裁时效为由，作出不予受理决定。王某不服该决定，向法院提起诉讼。法院审理后认为，由于网络游戏主播行业竞争的特殊性，互娱文化公司因管理需要对王某权利义务进行限制的约定符合行业惯例，不能就此认定互娱文化公司对王某实施了劳动法律意义上的管理，王某虽接受了直播时长的约束，但其可以自行安排直播的时间和地点，其劳动力并不受互娱文化公司的控制，双方之间不符合建立劳动关系的本质要件，故王某与互娱文化公司之间的关系应属平等民事主体间的合同关系。最终，法院判决认定双方不存在劳动关系，驳回了王某的诉讼请求。

在“互联网+”时代，出现了越来越多的新型用工模式。实践中，很多互联网平台出于成本的考虑，选择与网约工签订劳务协议、承包协议、合作协议、兼职服务协议等，而不是签订劳动合同。但在具体司法实践中，双方成立的到底是劳动关系还是其他民事关系，裁判机关一般并不是根据双方签署的协议认定，而是依照法律规定进行具体判断。关于确认劳动关系，目前最主要的依据是原劳动和社会保障部《关于确立劳动关系有关事项的通知》（劳社部发〔2005〕12号）。根据该通知，判断双方是否存在劳动关系，主要有三项原则：1. 用人单位和劳动者符合法律、法规规定的主体资格；2. 用人单位依法制定的各项劳动规章制度适用于劳动者，劳动者受用人单位的劳动管理，从事用人单位安排的有报酬的劳动；3. 劳动者提供的劳动是用人单位业务的组成部分。根据该规定，有的互联网平台与从业人员的劳动关系被确认，有的则没有被确认。有专家戏称，目前司法实践对网约工劳动关系认定采取的是结果主义，即工伤等比较严重的争议就能确认劳动关系，而一般追讨工资、追缴社会保险等不严重的争议就很难确认劳动关系。目前，理论界的观点是，跳出劳动关系的争议，兜底保护从业人员的基本劳动权益，如最低报酬、最长工时、社会保险等。

风险提示

鉴于互联网平台用工正处于快速发展过程之中且远没有定型的现状，国家立法和司法层面对此尚没有一个明确态度。对于互联网平台用工企业来说，国家法律规定以及裁判原则不确定并非好事，这就要求企业自行规避风险，尽量消除不确定性。

操作指南

1. 虽然劳动关系不一定被裁判机关认可，但平台用工企业还是非常有必要与劳动者签订书面协议，明确双方的权利、义务。

2. 在目前社会保险尤其是工伤保险与劳动关系绑定的情况下，为了避免损失，建议平台用工企业为从业人员购买足额商业保险以分担风险。

“临时工”别再用了

A 建筑公司在开发建设某项目时需要增加一批人手对工地进行看护，于是招用了于某等 5 人。A 公司负责人认为，于某等人年龄都比较大了（50 多岁），且公司主要安排 5 人晚上值班，因此 5 人只是“临时工”，便没有签订劳动合同，也没有为他们缴纳社会保险。为稳妥起见，A 公司与 5 人签订了一份劳务协议。实际用工过程中，A 公司制定了《安全保卫人员职责》，其中明确规定“安全保卫人员每晚要巡逻三次，工地上有车进入时要随时开门并进行检查”。同时，A 公司有时也安排 5 人干一些零活，报酬另行支付。8 个月后，该项目完工，A 公司告知于某等 5 人工作任务已经完成，他们可以离开了。于某等人向公司提出支付加班费、经济补偿金、未签劳动合同的双倍工资等多项请求，与公司协商未果后提起了劳动仲裁。

在仲裁审理过程中，于某等人认为，虽然双方签订了劳务合同，但实际与正式用工没有任何差别，申请人同样要遵守公司的规章制度，接受公司的用工管理和安排，工资按月发放；而公司方面则认为，这些人只是“临时工”，主要工作是负责每天晚上的安全保卫，除了一晚要巡逻三次外，其余时间可以休息。

根据原劳动和社会保障部《关于确立劳动关系有关事项的通知》（劳社部发

〔2005〕12号）第一条的规定，用人单位招用劳动者未订立书面劳动合同，但同时具备下列情形的，劳动关系成立：（一）用人单位和劳动者符合法律、法规规定的主体资格；（二）用人单位依法制定的各项劳动规章制度适用于劳动者，劳动者受用人单位的劳动管理，从事用人单位安排的有报酬的劳动；（三）劳动者提供的劳动是用人单位业务的组成部分。从案例的情况来看，于某等人和A公司符合第一项规定的主体资格，虽然双方签订了劳务合同，但于某等人要遵守A公司制定的《安全保卫人员职责》等规章制度，接受A公司的劳动用工管理，A公司定期发放劳动报酬，据此可以认定于某等人与A公司成立劳动关系，法院支持了于某等人提出的加班费、经济补偿金、未签劳动合同的双倍工资等请求。

在《劳动法》颁布实施和全面施行劳动合同制度后，“临时工”已经退出历史舞台。用人单位使用的各类员工，只要是劳动关系，就只有劳动合同期限长短和工作内容的差别，没有权利和义务上的区分。很多用人单位所理解的“临时工”，其实是一种短期用工或劳务用工。在现行法律框架下，对于这种用工，企业有以下5种选择：

1. 成立劳动关系。只要选择这种方式，就要签订劳动合同、缴纳社会保险，否则企业将面临支付双倍工资、补缴社保等风险。

2. 选择非全日制用工。采用这种方式，需要确保劳动者每天工作时间不超过4小时，每周不超过24小时。非全日制用工可以不签订劳动合同，但社会保险仍需缴纳。

3. 选择劳务派遣形式。采用这种方式，用人单位需要与劳务派遣公司签订派遣协议，由劳务派遣公司派遣符合条件的员工到用人单位工作。用人单位与员工不建立劳动关系，按照派遣协议向派遣公司支付费用即可。

4. 选择劳务外包。劳务外包是指用人单位将部分业务或工作内容发包给承包方完成，由承包方组织人员提供劳务成果，发包方按照约定提供劳务费用。

5. 选择劳务用工。即用人单位与劳务提供者按照民事法律签订劳务协议，明确双方的权利义务。在用工过程中，用人单位不能与劳务提供者存在管理与被管理、隶属与被隶属关系，只能要求劳务成果。

风险提示

用工形式选择不当，可能会导致额外成本支出，如原本想成立劳务关系，却对人员进行了用工管理，最终被仲裁委员会或法院认定为成立劳动关系，公司仍将遵守劳动法上的各项规定。

操作指南

劳动者与公司之间是何种法律关系，并不取决于双方签署了什么合同或协议，而是由实际用工决定的。所以，如果用人单位选择了劳务用工的形式，除了签订劳务协议外，最重要的是要按照劳务关系来实际履行，不能对员工直接进行劳动管理。

关于加班那些事儿

近来，关于加班费的咨询、投诉越来越多，笔者就企业和劳动者比较关心的加班费问题简要做一些归纳整理。

一、加班还是值班？

小张是某企业的门卫，工作性质决定了他在国庆节期间也要坚守岗位。该企业以前的做法还是比较规范的，轮到职工在法定节假日上班的，一律按规定支付加班工资。可是近两年，不知道出于什么原因，企业只支付每天50元的值班费。为此，小张不明白了，我的工作还是以前的工作，这加班和值班究竟有什么差别呢？

加班与值班是两个不同的概念。虽然二者都是法定标准工作时间的延长，但加班是指职工根据用人单位的要求，在法定节假日或公休假日等时间从事生产或工作，而值班是指职工根据用人单位的要求，在正常工作日之外担负一定的非生产性的责任。认定加班还是值班，主要看劳动者是否继续在原来的岗位上工作，或者是否有具体的生产或经营任务。加班职工与值班职工所享受的待遇是有区别的：加班工资是法定的，而值班报酬则按照用人单位的内部规章制度执行。对小张来说，用人单位不能以值班为由，拒不支付法定的加班工资。

二、“特殊情况”下可以不支付加班费吗？

小李是一家企业的搬运工，国庆节期间因有一批急货要运，所以不能休息。当小李向企业提出加班费要求时，企业负责人拿出一份文件来说：“你看，我们有劳动部门的审批，实行的是不定时工作制，不用支付加班费。”那么，用人单位的理由能成立吗？

先从工时制度说起，我国目前共有三种工时制度：标准工时制、综合计算工时制、不定时工时制。标准工时制即我们常说的每周工作五天，每天工作八小时的工时制度。综合计算工时制是分别以周、月、季、年等为周期，综合计算工作时间，但是平均日工作时间和平均周工作时间应与法定标准工作时间基本相同。实行这种工时制度的，如交通、铁路、邮电、水运、航空、渔业等行业中因工作性质特殊，需连续作业的职工，以及地质和资源勘探、建筑、制盐、制糖、旅游等受季节和自然条件限制的行业的部分职工等。不定时工作制是不以标准工时制度确定的工作制度，企业以合理的劳动者的劳动定额或其他考核标准来确定劳动者的工作时间和休息时间。实行这种工时制度的，如企业高级管理人员、外勤人员、推销人员、部分值班人员，还有企业中的长途运输人员、出租汽车司机和铁路、港口、仓库的部分装卸人员等。后两种工时制度又称特殊工时制度，需经劳动保障部门审批才能实行。那么，对于实行特殊工时制度的职工，在法定节假日加班是否有加班费呢？按照原劳动部《工资支付暂行规定》，在综合计算工时制下，法定节假日加班需要支付加班费，但不定时工时制则不执行加班费的规定，也就是说可以不支付加班费。

三、如何理解制度工作天数与计薪日？

小王在一家企业工作，今年与企业解除劳动合同时，向企业提出要求支付

2007 年以来的加班费。可加班天数和日工资如何计算却让小王犯了难，有人说按 20.92 计算，有人说按 21.75 计算，还有人说按 20.83 计算。那么究竟该如何计算呢？

相信大部分人对制度工作天数和计薪日这两个概念都很陌生。实际上在 2008 年之前，关于职工月平均工作时间和日工资计算只有一个标准，就是 20.92，即职工月平均工作时间为 20.92 天，计算职工日工资时也用月工资除以 20.92。2008 年 1 月，劳动和社会保障部出台了《关于职工全年月平均工作时间和工资折算问题的通知》，提出了制度工作天数和计薪日两个概念，即年工作日为 365 天 −104 天（休息日）−11 天（法定节假日）= 250 天，月工作日为 250 天 ÷12 月 = 20.83 天 / 月。但是在计算日工资标准时，由于法定节假日用人单位也应当依法支付工资，故折算日工资、小时工资时不剔除国家规定的 11 天法定节假日。这样，月计薪天数就变为（365 天 −104 天）÷12 月 = 21.75 天。以小王为例，其 2007 年之前的加班工资，不论是制度工作时间还是日工资折算，都要以 20.92 为依据，2008 年之后，要以制度工作时间 20.83 为依据，计算日工资则要用月工资总额除以计薪天数 21.75 计算。

四、国庆节七天假，加班费如何计算？

2016 年国庆节期间一共放七天假，那么这七天的加班费是否一样呢？

根据《国务院办公厅关于 2016 年部分节假日安排的通知》，国庆节放假安排为：10 月 1 日至 7 日放假调休，共 7 天。其中，10 月 1 日、2 日、3 日为国庆节法定节假日，而 10 月 4 日、5 日、6 日、7 日则为休息日放假。按照《劳动法》规定，用人单位凡在 2016 年 10 月 1 日、2 日、3 日安排劳动者加班的，应按不低于劳动者本人日工资或小时工资的 300% 支付加班工资；10 月 4 日、5 日、6 日、7 日安排劳动者加班的，可安排补休而不支付加班工资，如果不安排补休，则应当按照不低于劳动者本人日工资或小时工资的200%支付加班工资。

风险提示

按照《劳动合同法》第八十五条的规定，用人单位不支付加班费的，由劳动行政部门责令限期支付；逾期不支付的，责令用人单位按应付金额百分之五十以上百分之一百以下的标准向劳动者加付赔偿金。

操作指南

关于加班，有几点需要特别注意：

1. 加班需要企业与工会、职工协商后方可安排①，既不是企业想让职工加班就加班，也不是职工想加班就加班。

2. 除非有《劳动法》第四十二条规定的特殊情况②，否则企业安排职工加班的，职工有权拒绝，企业不能按照违纪处理。

3. 只有休息日的加班可以调休，法定节假日和其他延长工作时间的加班只能支付加班费。

4. 企业需申请综合计算工时制和不定时工时制的，一定要及时申请，经劳动保障部门审批后才能执行。

5. 企业要加强加班管理，建立加班报批制度，并保留相关证据。由于劳动者对加班事实负有举证责任，因此劳动者更要注意保存加班的证据。

---

① 《劳动法》第四十一条规定："用人单位由于生产经营需要，经与工会和劳动者协商后可以延长工作时间，一般每日不得超过一小时；因特殊原因需要延长工作时间的，在保障劳动者身体健康的条件下延长工作时间每日不得超过三小时，但是每月不得超过三十六小时。"

② 《劳动法》第四十二条规定："有下列情形之一的，延长工作时间不受本法第四十一条规定的限制：（一）发生自然灾害、事故或者因其他原因，威胁劳动者生命健康和财产安全，需要紧急处理的；（二）生产设备、交通运输线路、公共设施发生故障，影响生产和公众利益，必须及时抢修的；（三）法律、行政法规规定的其他情形。"

约定加班费计算基数要合法

王某于2013年2月通过应聘进入某机械公司从事焊接工作，双方签订的劳动合同期限自2013年2月至2016年6月。工作期间，机械公司经常安排王某加班。2015年5月，王某以公司没有足额支付劳动报酬为由提出辞职，并于当日离职。后王某向劳动仲裁部门提起仲裁，要求支付工作期间的加班费差额。经调查，该公司在给王某发放的工资条中有“加班补助”和“特勤补助”两项，分别对应休息日加班费和法定节假日加班费，对此事实双方没有异议。但王某认为，加班费是按照其基本工资2000元为基数计算的，而其实际月工资约为4000元，因此要求公司支付差额。而公司认为，双方在劳动合同中有书面约定，以基本工资为基数发放加班费，因此不存在差额。

从理论上说，加班费应该高于劳动者“正常工作时间的工资”。因为加班本来就是占用了劳动者的休息时间，甚至是法定休息时间，如果加班费比平时工作的工资还低，谁还愿意去加班？所以，《劳动法》第四十四条规定了劳动者平时、休息日和法定节假日加班的要分别支付1.5倍、2倍和3倍的工资。但实践中，很多公司在加班费基数上做起了文章，有的用当地最低工资标准作为基数，有的用月应发工资中的基本工资作为基数，有的用当地社会职工平均工资作为基数，有的随便约定一个数作为基数……那么这些做法合法吗？

一、可以约定加班工资基数吗？

先看一下没有约定的情况下怎么计算。以山东地区为例，《山东省企业工资支付规定》第二十五条规定："根据本规定第二十条计算加班工资的工资基数和第二十四条第一款计算劳动者休假工资基数，应当按照劳动者上一月份提供正常劳动所得实际工资扣除该月加班工资后的数额确定。劳动者上一月份没有提供正常劳动的，按照向前顺推至其提供正常劳动月份所得实际工资扣除该月加班工资后的数额确定。"也就是说，在双方没有约定的情况下，劳动者加班工资基数应当是每个月都不同的。那么可不可以约定一个固定的加班费基数呢？对此，法律没有明确规定，各地规定不一致。倾向性的意见是：有约定的，从其约定；但又有限制，如约定数额不得低于最低工资标准，再如，约定的数额低于实际发放数额的，以实际发放数额为准。所以，企业最好了解当地的裁判口径后再做相关约定。

二、可以约定实发工资中包含加班费吗？

有些用人单位每个月都会安排员工加班，为减少麻烦，索性和员工约定加班工资一并包括在月工资中。应当说，这样做的风险还是很大的。首先，面临着不被认定的风险，也就是说，有可能被认定为未支付加班费从而裁决另行支付。其次，即使被认定为月工资包括了加班费，还要保证计算劳动者加班工资的基数经过折算后不低于本地区最低工资标准。2011年，最高人民法院《全国民事审判工作会议纪要》（法办〔2011〕442号）第五十七条第二款规定："用人单位与劳动者未书面约定实际支付的工资是否包含加班工资，但用人单位有证据证明已支付的工资包含正常工作时间工资和加班工资的，可以认定用人单位已支付的工资包含加班工资，但折算后正常工作时间工资低于当地最低工资标准或者计件工资的劳动定额明显不合理的除外。”

风险提示

实践中，为了控制成本，一些企业跟职工约定了比较低的基本工资作为加班费计算基数，还有些企业与职工约定总工资中包含加班费，这两种做法都是有风险的，易引发纠纷。

操作指南

1. 加班费的计算基数问题，各地规定并不统一，有的地方有明确规定，有的地方允许用人单位与职工进行约定，建议参照当地规定执行。

2. 最好在劳动合同中明确约定工资数额，并以此作为加班费计算标准。如果没有特殊约定，实发工资项目分为基本工资、岗位工资、职务工资等，应当以各项工资的总和作为基数计发加班费，不能以某单项作为计算基数。

3. 最好不要笼统约定总工资中包含加班费。

4. 加班费就是加班费，千万不要另起名目诸如“特勤费”“夜班费”等，一旦被认定为不是加班费就麻烦了。

解决病假员工管理难题

所谓病假，是指劳动者本人因患病或非因工负伤，需要停止工作医疗时，企业给予一定的医疗假期。目前，企业与劳动者关于病假的纠纷逐渐增多，双方的博弈日渐激烈。下面三则案例，希望对企业和劳动者有所启发。

一、“泡病假”怎么破？

赵某于1997年3月通过招聘到某制造企业工作，先后从事过工人、领班、机加工车间主任等工作，双方劳动合同签订至2018年12月31日。2014年5月，公司以赵某不胜任工作为由免除了赵某的机加工车间主任职务，工资待遇未做调整。赵某对此不满，开始向公司请病假。至2014年11月，赵某连续休息了6个月，先后换了4家医院、6种病情，诸如“腰椎间盘突出症”“抑郁症”“糖尿病并发症”等。公司想与赵某解除劳动合同，又怕被认定为违法解除。

员工“泡病假”是用人单位最痛恨的行为之一，但用人单位对其又常常无计可施。员工休病假需要什么条件呢？根据《关于加强企业伤病长休职工管理工作的通知》第二条的规定，职工因伤病需要休假的，应凭企业医疗机构或指定医院开具的疾病诊断证明，并由企业审核批准。根据这条规定，职工休病假，只需要将医院的诊断证明递交给用人单位，用人单位审核批准即可。请注意，法院和仲裁机构一般认为，医疗机构出具的诊断证明属于一种专家意见，如果形式上没有瑕疵，用人单位是不能否认的。换句话说，正常的有诊断书的病假申请，用人单位不能不批准。但现实是，一些投机取巧的员工可以钻空子“泡病假”。有人曾总结过，“泡病假”的两大神器：一个是腰椎间盘突出症，另一个是抑郁症。那么，这一问题怎么破解呢？一是用人单位可以派人到医院核查病假单，或以用人单位名义与医院沟通，对并不需要休息的员工不要开具病假单；二是可以去员工家中探病，核实员工是否在家养病；三是可以以关怀的名义要求员工配合复查，安排员工到权威医院进行复查核实。有人说，可以在规章制度中限制员工只能在某些医院开具诊断书，这种做法限制了员工就诊的选择权，法院和仲裁机构一般不会认可。如果通过核查抓到员工“泡病假”的确实证据，就可以根据企业规章制度进行处理。如果仅仅是怀疑而没有证据，建议用人单位不要轻举妄动，否则极易被认定为违法解除。

二、员工购买假病假条自食苦果

魏某于2008年2月1日到某造船厂从事电焊组装工作，双方签订的劳动合同期限至2015年11月30日。2015年10月20日，公司向魏某发出《终止劳动合同通知书》，通知魏某双方劳动合同期满后公司决定不再续签并将依法支付经济补偿金。2015年11月9日，公司又向魏某发出《关于对魏某解除劳动合同的通知》，内容为：“2015年10月，你弄虚作假，向公司递交虚假诊断书等病假材料，骗取公司休假，严重违反了公司人事规定，公司决定与你解除劳动合同。”魏某不服，认为公司出尔反尔，已经承诺要支付经济补偿金，又找借口不支付任何补偿，故向劳动仲裁部门提起仲裁，要求公司支付赔偿金。

仲裁过程中，公司提供了魏某提交给公司的某医院诊断书一份，编号为

0295455，内容为“腰部韧带损伤，建议休息一周”，时间为2015年10月22日。魏某凭该诊断书，自2015年10月23日至27日未上班。经公司到该医院调查，医院出具了一份说明：“我院编码0270050及以后（包含028、029开头）的诊断证明书尚未投入使用，故凡加盖我院公章的0270050及以后（包含028、029开头）的诊断证明书为虚假。”事件发生后，公司还找魏某做了一份笔录，魏某承认“在微信看到有人代办病假条，由于家中农忙收苹果，父母岁数大干不了，自己一时糊涂，花钱请了假（5天，花了120元）”。此外，公司的《人事管理文件》第11.7条规定：“员工有下列情形之一的，公司有权以严重违纪解除劳动合同，并不支付经济补偿金：……捏造事实骗取休假、虚报加班或出勤记录，或有其他欺骗公司的行为，情节严重者。”

案例中，魏某真是搬起石头砸了自己的脚，本来公司已经于10月20日通知魏某要到期终止合同并给予补偿，按照魏某的工作年限和工资水平，经济补偿金在8万元左右。魏某只要在合同到期前没有严重违纪，就能拿到这笔钱。恰恰在这个时候，魏某“一时糊涂”去买了假条骗取假期，虽然理由让人同情，但证据确凿、规章制度依据清楚，仲裁机构依法裁决驳回了魏某的申请。

三、请病假期间去旅游发朋友圈被开除

丁某于2013年1月进入某公司工作，签订劳动合同期限至2016年1月27日。2013年4月19日，丁某通过电子邮件向公司请病假两周，公司予以批准。丁某提交的诊断证明书、病历手册、医疗费单据记载，请假前一天（2013年4月18日）丁某到北京按摩医院就诊，北京按摩医院的诊断及建议为：颈椎病，建议休两周。2013年4月19日，丁某前往巴西，2013年5月4日回国。2013年5月16日，公司向丁某送达了解除劳动合同通知，主要内容为：“您提出两周病假全休申请后当

日即赴巴西出境旅游，属提供虚假申请信息并恶意欺骗公司，上述行为严重违反了公司规章制度，公司决定立即解除你的劳动合同，劳动合同解除日期为2013年5月16日。”

案件经历了劳动仲裁和一审、二审及再审。劳动仲裁和法院的一审、二审均裁决公司败诉，主要理由为：根据丁某提交的诊断证明书、病历手册、医疗费单据等证据材料，可以认定丁某就诊情况属实，符合休病假条件。至于公司提出的丁某在休病假期间长途飞行前往巴西，法院认为，丁某的病情是否需要全休应当以医疗机构出具的休假证明为准。公司的规章制度中并没有对员工休病假期间的休假地点作出限制性规定，同时法律也对此无限制性规定，因此，丁某不构成提供虚假信息、恶意欺骗公司。案件经过再审，公司终于胜诉了，北京市高级人民法院撤销了一审、二审判决，确认公司与丁某之间的劳动合同于2013年5月16日解除。北京市高级人民法院认为丁某违反了诚实信用这个民法基本原则。理由是，在公司向丁某了解休病假情况时，丁某拒绝提供真实信息，对用人单位的工作秩序和经营管理造成恶劣影响，故公司以丁某严重违反企业规章制度为由决定与其解除劳动合同合法有效。

对于北京市高级人民法院的再审判决结果，笔者不持意见。但对于判决的理由，笔者是不能认同的。民法的诚实信用原则不是不能用，如果法院认定丁某去巴西属于“旅游”而不是“休病假”，那可以说丁某违反了诚实信用原则。但法院的判决理由中完全回避了认定丁某的旅游是否属于休病假行为，而是认定公司向丁某了解休病假情况时，丁某拒绝提供真实信息，属于违反诚实信用原则。这一点就有些牵强了。对于休病假的形式、地点，员工有义务向用人单位如实陈述吗？法律并没有这条规定，用人单位规章制度中也没有规定。那么，如何就认定丁某违反了诚实信用原则呢？不管怎么说，这个案子还是有很多启示的。对用人单位来说，按照法院的判决思路，最好要完善规章制度，如规定“员工休病假要采取适当的方式或遵照医嘱，不得有外出旅游等明显与休病假不符的行为，否则将被视为违反诚信原则，单位可以单方解除劳动合同”。

风险提示

对于病假员工处理不当，易被认定为违法解除，根据《劳动合同法》第八十七条的规定：“用人单位违反本法规定解除或者终止劳动合同的，应当依照本法第四十七条规定的经济补偿标准的二倍向劳动者支付赔偿金。”

操作指南

对于病假员工的管理，企业应当制定完善的病假管理制度，明确员工请病假的程序、需提交的材料、批准流程等，还可以辅以企业复核制度。对于恶意“泡病假”的员工，切勿操之过急，一定要等掌握确凿证据后再出手。

详解带薪年休假

2008年《职工带薪年休假条例》(以下简称《条例》)和《企业职工带薪年休假实施办法》(以下简称《办法》)实施后,关于带薪年休假的争议越来越多,现在俨然已经成为劳动者提请劳动仲裁的“标配”。下面笔者就为大家详细解析一下带薪年休假的那些事儿。

一、休假条件

《条例》第二条:机关、团体、企业、事业单位、民办非企业单位、有雇工的个体工商户等单位的职工连续工作1年以上的,享受带薪年休假(以下简称年休假)。单位应当保证职工享受年休假。职工在年休假期间享受与正常工作期间相同的工资收入。

这里所说的连续工作一年以上,不是指在本单位连续工作一年以上,而是包含在其他单位工作一年以上的情况。换句话说,只要劳动者曾经在其他单位连续工作一年以上,刚到新单位就可以直接休当年的年休假,无须等一年以后。

二、休假天数计算

《条例》第三条：职工累计工作已满1年不满10年的，年休假5天；已满10年不满20年的，年休假10天；已满20年的，年休假15天。国家法定休假日、休息日不计入年休假的假期。

这里所说的工作年限，均是指累计工作年限，而不是在本单位的工作年限。另外，切记，计算休假天数是根据自然年计算的，这一点很多人都没有搞清楚。举个例子，某人于2014年6月到甲公司工作，2017年3月离职，错误的计算方法是按照两年零九个月计算，正确的计算方法是分别计算2014年、2015年、2016年、2017年的带薪年休假，其中2014年和2017年均不满一年，要按规定折算（未考虑时效）。

三、年休假天数的折算

《办法》第五条：职工新进用人单位且符合本办法第三条规定的，当年度年休假天数，按照在本单位剩余日历天数折算确定，折算后不足1整天的部分不享受年休假。前款规定的折算方法为：（当年度在本单位剩余日历天数 ÷365天）× 职工本人全年应当享受的年休假天数。

《办法》第十二条：用人单位与职工解除或者终止劳动合同时，当年度未安排职工休满应休年休假的，应当按照职工当年已工作时间折算应休未休年休假天数并支付未休年休假工资报酬，但折算后不足1整天的部分不支付未休年休假工资报酬。前款规定的折算方法为：（当年度在本单位已过日历天数 ÷365天）× 职工本人全年应当享受的年休假天数－当年度已安排年休假天数……

这两条规定的就是工作不满一年的年休假折算方法，举例说明：某职工年休假为10天，2009年8月30日与用人单位解除劳动合同，其2009年的年休假天数为：242天（已经经过的日历天数）÷365×10，为6.6天，取整数即6天（不足一天部分不予计算）。职工入职当年的年休假天数计算方式与此相同。

四、未休年休假补偿的计算

《办法》第十条：用人单位经职工同意不安排年休假或者安排职工年休假天数少于应休年休假天数，应当在本年度内对职工应休未休年休假天数，按照其日工资收入的300%支付未休年休假工资报酬，其中包含用人单位支付职工正常工作期间的工资收入……

《办法》第十一条：计算未休年休假工资报酬的日工资收入按照职工本人的月工资除以月计薪天数（21.75天）进行折算。前款所称月工资是指职工在用人单位支付其未休年休假工资报酬前12个月剔除加班工资后的月平均工资。在本用人单位工作时间不满12个月的，按实际月份计算月平均工资。职工在年休假期间享受与正常工作期间相同的工资收入。实行计件工资、提成工资或者其他绩效工资制的职工，日工资收入的计发办法按照本条第一款、第二款的规定执行。

假如某职工年休假应为10天，2009年8月30日与用人单位解除劳动合同，现要求用人单位支付2008年和2009年的带薪年休假补偿，其月工资计算标准应当是支付其未休年休假工资报酬前12个月剔除加班工资后的月平均工资，即2009年8月30日向前推12个月剔除加班工资后的平均工资。2008年未休年休假工资计算：月工资 ÷21.75×10×2。2009年未休年休假工资计算（天数的计算方法见前文）：月工资 ÷21.75×6×2。需要说明的是，《办法》中规定的是300%的工资，为什么计算的时候都是乘以2呢？这是因为300%的工资是包括职工未休假上班期间已经支付的一倍工资，这样再支付两倍工资就可以了。

五、带薪年休假补偿的时效

带薪年休假补偿适用一般时效（一年）还是特殊时效（劳动关系存续期间不受时效限制），对这个问题存在争议。根据笔者个人观察，多数观点是带薪年休假补偿适用一般时效，如劳动者于2017年5月离职并起诉，则只能主张2017年当年和2016年的带薪年休假补偿，之前年份的均已经超过时效。

风险提示

用人单位未安排职工休年休假的，应当按照其日工资收入的300%支付未休年休假工资报酬。对企业来说，这也是一个很大的违法成本。

操作指南

关于带薪年休假，要注意以下几点：

1. 与加班需要双方协商不同，带薪年休假的决定权在企业，职工的意愿只是考虑因素[①]。因此，企业不能辩解说未休年休假的原因是职工没有申请。

2. 企业安排职工休带薪年休假的，一定要保存好证据，如果职工自愿不休的，应告知员工不支付补偿。

3. 对于离职员工，其当年的带薪年休假补偿应当进行折算，不是全部计算。

---

① 《职工带薪年休假条例》第五条规定："单位根据生产、工作的具体情况，并考虑职工本人意愿，统筹安排职工年休假。年休假在1个年度内可以集中安排，也可以分段安排，一般不跨年度安排。单位因生产、工作特点确有必要跨年度安排职工年休假的，可以跨1个年度安排。单位确因工作需要不能安排职工休年休假的，经职工本人同意，可以不安排职工休年休假。对职工应休未休的年休假天数，单位应当按照该职工日工资收入的300%支付年休假工资报酬。"

工资不能随便降低或扣除

工资是劳动者关注的核心问题之一，因此实践中关于工资的争议也很多。下面看几个案例：

【案例一】

小明原来在公司担任财务管理工作，近日公司进行了岗位调整，将小明调整到办公室岗位。小明服从公司岗位调整到办公室工作后，却发现工资也从每月 5000 元降到 4000 元。小明认为不合理，找公司理论。公司人事部人员告诉小明，在双方劳动合同中有约定“公司有权根据经营需要对员工进行调岗，薪酬也同步进行调整”，因此公司对小明调岗调薪合法。

小明的质疑是有道理的。公司对员工进行调岗，属于劳动合同变更，一般情况下需要与员工协商一致。虽然双方劳动合同中有“公司可以调岗”以及“岗变薪变”的约定，但仍然不能违反法律的强制性规定，公司不可以随意调整员工岗位和工资。只有在有证据证明员工不胜任原工作岗位的情况下，用人单位才可以调岗调薪，但也要注意合法性与合理性，不能将员工调整到明显不适合或有侮辱性的岗位，调岗后薪酬也不能低于最低工资标准。

【案例二】

小李在一家房产中介公司做房产销售，公司规定工资实行底薪+提成制，底薪为1000元，每成交一套房子提成50%。入职的前两个月，小李由于不熟悉业务，一套房子也没有成交。公司决定，这两个月只给小李按照每月1000元发放工资（当地最低工资标准为每月1100元）。

《最低工资规定》第三条规定："本规定所称最低工资标准，是指劳动者在法定工作时间或依法签订的劳动合同约定的工作时间内提供了正常劳动的前提下，用人单位依法应支付的最低劳动报酬。本规定所称正常劳动，是指劳动者按依法签订的劳动合同约定，在法定工作时间或劳动合同约定的工作时间内从事的劳动……"第十二条规定："在劳动者提供正常劳动的情况下，用人单位应支付给劳动者的工资在剔除下列各项以后，不得低于当地最低工资标准：（一）延长工作时间工资；（二）中班、夜班、高温、低温、井下、有毒有害等特殊工作环境、条件下的津贴；（三）法律、法规和国家规定的劳动者福利待遇等。实行计件工资或提成工资等工资形式的用人单位，在科学合理的劳动定额基础上，其支付劳动者的工资不得低于相应的最低工资标准。劳动者由于本人原因造成在法定工作时间内或依法签订的劳动合同约定的工作时间内未提供正常劳动的，不适用于本条规定。"依照上述规定，小李虽然没有工作业绩，但在法定工作时间或劳动合同约定的工作时间内从事了劳动，因此公司不能低于最低工资标准向小李发放工资。

【案例三】

阎某于2012年5月进入某化工企业工作，每月工资3000元。2013年1月，阎某因患糖尿病住院治疗。出院以后，阎某根据医生的建议在家休息了 3 个月，并向企业提交了假条。病假期间该企业只发放给阎某每月 800 元的生活费。2013 年 4 月，阎某上班后多次找企业交涉工资问题，要求支付欠发的工资。企业答复发放生活费合法，职工不上班只能发放基本生活费。阎某无奈，向劳动争议仲裁部门申请仲裁，要求企业按规定支付病假工资。

职工患病应当享受医疗期待遇，依照原劳动和社会保障部《企业职工患病或非因工负伤医疗期规定》第二条，医疗期是指企业职工因患病或非因工负伤停止工作治病休息不得解除劳动合同的时限。医疗期根据本人实际参加工作年限和在本单位工作年限确定，最短三个月，最长二十四个月。关于医疗期的待遇，山东省劳动厅转发劳动部《关于发布〈企业职工患病或非因工负伤医疗期规定的通知〉的通知》规定："企业职工因病或非因工负伤，在医疗期内，停工医疗累计不超过 180 天的，由企业发给本人工资 70% 的病假工资；累计超过 180 天，发给本人工资 60% 的疾病救济费……"同时，《山东省企业工资支付规定》第二十六条第二款规定："劳动者患病或者非因工负伤，在国家规定的医疗期内的，企业应当按照国家和省有关规定支付病假工资或者疾病救济费，病假工资或者疾病救济费不得低于当地最低工资标准的 80%。"本案中，阎某实际参加工作年限为十年以下，在本单位工作年限为五年以下，因此阎某应享受的医疗期为 3 个月，在医疗期内企业每月只发放 800 元的生活费是违法的，应当按照本人工资的 70% 支付病假工资，并且不得低于最低工资标准的 80%。在仲裁委员会的主持调解下，双方达成调解协议，企业按照每月 2000 元的标准补发了阎某的病假工资。

风险提示

按照《劳动合同法》第八十五条的规定，用人单位未按照劳动合同的约定或者国家规定及时足额支付劳动者劳动报酬的、低于当地最低工资标准支付劳动者工资的，由劳动行政部门责令限期支付；逾期不支付的，责令用人单位按应付金额百分之五十以上百分之一百以下的标准向劳动者加付赔偿金。

操作指南

除了法律明确规定的情形，企业不能随便降低或克扣职工的工资。降低工资需要合法的理由，如劳动者不胜任工作对其调整了工作岗位。对于有法定工资支付标准的，如工伤治疗期间、患病医疗期、因企业原因安排待岗期间，要分别按照不同的法定标准支付工资。

员工自愿声明不缴社保也无法免除公司义务

冯某于2015年2月入职A公司，双方签订了为期3年的劳动合同。由于冯某是外地户口，因此提出自愿放弃缴纳社会保险，由公司将保险费以补助的形式直接支付给他，由其自行参加社会保险。公司对此表示认可，并要求其出具了书面说明，内容为“公司每月额外支付400元作为社会保险费补贴，冯某不得再要求公司缴纳社会保险费”。2017年6月，冯某在工作中出现严重失误给公司造成3万元损失，A公司以冯某严重失职，给用人单位造成重大损害为由解除了与冯某的劳动合同。冯某离职后，向当地劳动监察大队投诉公司没有为其缴纳社会保险费，要求公司为其补缴。

实务中，一些用人单位出于成本考虑不愿意为员工缴纳社会保险费，有时候劳动者因为这样那样的原因也不愿意缴纳社会保险费。比如，有的劳动者说户口在外地，恐怕将来社保关系不好转移；有的说老家已经有一份城乡居民社会保险了；有的说还是多发点钱更实在。因此，有的劳动者会要求用人单位将社会保险费折成现金支付给其本人或者发放社保补助。在这种情况下，一些用人单位为了省事或降低费用，就让劳动者出具自愿放弃缴纳社会保险费的书面说明，以为这样就万事大吉了。《社会保险法》第六十条第一款规定：“用人单位应当自行申报、按时足额缴纳社会保险费，非因不可抗力等法定事由不得缓缴、减免。职工应当缴纳的社会保险费由用人单位代扣代缴，用人单位应当按月将缴纳社会保险费的明细情况告知本人。”第六十一条规定：“社会保险费征收机构应当依法按时足额征收社会保险费，并将缴费情况定期告知用人单位和个人。”根据以上规定，用人单位具有为劳动者及时足额向社会保险机构缴纳社会保险费的义务，不得将社会保险费直接支付给劳动者个人。本案中，A 公司未履行该义务，而是采取向冯某额外支付一部分补贴的方式给予补偿，该行为违反了行政法规的强制性规定，即使双方存在书面协议也属无效，不能免除公司缴纳社会保险费的法定义务和相应的法律责任。

风险提示

用人单位未依法缴纳社会保险费的法律后果：

1. 未办理社保登记的。用人单位应当自用工之日起三十日内为其职工向社会保险经办机构申请办理社会保险登记。未办理社会保险登记的，由社会保险行政部门责令限期改正；逾期不改正的，对用人单位处应缴社会保险费数额一倍以上三倍以下的罚款，对其直接负责的主管人员和其他直接责任人员处五百元以上三千元以下的罚款。（《社会保险法》第五十八条、第八十四条）

2. 未按时足额缴纳社会保险费的。用人单位未按时足额缴纳社会保险费的，由社会保险费征收机构责令限期缴纳或者补足，并自欠缴之日起，按日加收万分之五的滞纳金；逾期仍不缴纳的，由有关行政部门处欠缴数额一倍以上三倍以下的罚款。（《社会保险法》第六十三条、第八十六条）

3. 用人单位未办理社保登记或未按时足额缴纳社会保险费的，劳动者可以提出解除合同，用人单位还应支付经济补偿。（《劳动合同法》第三十八条、第四十六条）

操作指南

对于不愿意缴纳社会保险费的劳动者，用人单位应以书面形式告知其提交办理社保登记所需的个人资料和信息，以及不予提供的相应法律后果，并保留好相应的证据。对于告知法律后果后仍然不愿意缴纳社会保险费的员工，用人单位最好不要用，否则隐患很大。

“非典型工伤”要避免

根据《工伤保险条例》第十四条的规定，认定工伤，最普遍适用的是“三要素”，即“工作时间、工作地点、工作原因”受到事故伤害的，应该认定为工伤。如果说这些属于“典型工伤”的话，那么有一些“非典型工伤”更需要引起用人单位的高度关注。

【案例一】

李某于2016年6月到某劳务公司工作，被派往某路段进行修路施工。2016年8月13日晚8时左右，李某在从公司宿舍到施工地点的步行途中被一辆大货车撞倒，当场死亡。根据多名工友的证言，当天下午五点半下班后，李某随其他工友一起吃完饭回到宿舍，洗了一会衣服，于晚7点50分左右独自出门。同时，工友们也证实，李某平时就不在公司安排的宿舍住，而是每天到施工地点的大车上睡觉，李某的床铺也在该车上。施工地点共停放了两辆大车，其中一辆是公司的值班人员在上面休息，另一辆就是李某休息。后李某的家属到当地人社部门申请认定工伤，人社部门做出了认定工伤的决定，劳务公司不服，向人民法院提起行政诉讼。劳务公司认为，李某当天早已经下班，公司也没有安排其晚上值班，因此其不属于“上下班途中”遭遇交通事故，故不应认定为工伤。而李某家属一方则认为，李某每天在工地的大车上睡觉，应当属于值班，当天是在去值班的途中发生事故，故应当认定为工伤。最终，法院判决维持人社部门工伤认定的决定。法院判决的主要理由是，李某每天在工地的大车上睡觉，公司没有及时进行制止，李某客观上履行了值班的职责，因此当天李某去往施工工地应当属于“上下班途中”。

【案例二】

冯某系某中学教师，2011 年 11 月 15 日晚，冯某任教的两个班级进行测验考试。考试结束后，冯某回到家中批改试卷。次日早上 7 点左右，同校老师在冯某家中发现其身体异常，立刻拨打 120 通知医院到场抢救，最终冯某因抢救无效死亡。医院出具的《居民死亡医学证明书》证明冯某因突发心肌梗死，于 2011 年 11 月 16 日在家中死亡，发病到死亡的大概时间间隔为“不详”。《抢救记录》中记载：“抢救时间段为 2011 年 11 月 16 日 8 时 31 分至 9 时 32 分”，“到达现场时患者已无心跳、呼吸”。冯某任职的中学以冯某因长期工作劳累过度，在工作时间、工作岗位中突发心肌梗死死亡为由，向人社局提出申请，要求认定冯某为工伤死亡。该案历经多次工伤认定及行政复议、行政诉讼，最终由最高人民法院确认为工伤。法院认定的主要理由为，根据《工伤保险条例》第十五条第一款第一项的规定，职工在工作时间和工作岗位，突发疾病死亡或者在 48 小时之内经抢救无效死亡的，视同工伤。该条款中的“工作岗位”强调的重点不是工作处所和位置，而是岗位职责和工作任务。职工为了单位的利益，在家加班工作期间，属于履行岗位职责和完成工作任务，应当认定为“工作时间和工作岗位”。在职工具体的伤亡时间缺乏相关证据证明的情况下，应当倾向于保护职工合法权益，作出有利于职工的事实推定。

【案例三】

小芳是某公司员工，2017年3月29日晚，她在公司配电间总机房值班，去卫生间时，在配电间走道遭遇某男子阿强性侵。小芳竭力反抗，大声呼救，该男子放弃犯罪并逃离现场。此后，小芳精神失常、小便失禁，被医院诊断为应激相关障碍。2017年5月10日，公司向市人社局提交关于小芳所受伤害的工伤认定申请。同年6月15日，市人社局作出了不予认定工伤的决定。小芳不服市人社局这一决定，向人民法院提起行政诉讼，法院最终判决撤销市人社局不予认定工伤的决定，重新作出工伤认定决定。法院判决的理由主要是，小芳值班时在去卫生间的走道上遭到某男子性侵，其受害地点属于履行工作职责的合理活动范围，可以认定为履行工作职责的延伸，因履行工作职责而实施的合理行为导致受伤，应当属于"因履行工作职责受到暴力等意外伤害"的范畴。

由以上案例可以看出，近年来，司法机关和行政机关对于工伤认定的标准越来越向宽松方向发展，工伤认定"三要素"日益受到挑战。比如，对于工作时间，除了正常上班时间，值班过程中、出差中以及"上下班途中"的交通事故都可以认定为工伤；对于工作地点，也不再拘泥于特定的工作场所，在家办公或者在咖啡馆办公时受伤也有可能认定为工伤；对于工作原因，也不再强调受侵害必须与履行工作职责相关，甚至只要满足"要不是履行工作职责，他（她）就不会出现在那里"就有可能认定为工伤。

风险提示

工伤认定标准的宽松化务必引起用人单位的高度注意，还是那句话，最好的预防是让争议（事故）不要发生。比如，案例一中，用人单位在发现李某在公司工地上睡觉时就应当及时制止；案例二中，用人单位应当尽量通过规章制度等方式禁止劳动者将工作带回家加班；案例三中，用人单位不应该安排女性工作人员晚上单独值班。如果能提前预见到这些法律风险，并采取了相应的预防措施，那么事故（伤害）可能就不会发生，对用人单位和劳动者来说就是双赢的结果。

操作指南

1. 做好员工入职的健康检查，把好入口关。

2. 做好职工的经常性的健康卫生检查，对身体健康状态不适合岗位要求的职工，及时进行调整，并安排治疗，减低潜藏的风险。

3. 对工作场所、工作时间尽可能进行明确约定，并由员工签字确定，避免范围涵盖不明而产生争议。

4. 在劳动合同中约定劳动者的居住地，明确合理时间及合理路线，尽可能减少上下班途中风险。

5. 除非必要，尽量不要让劳动者将工作带回家或在其他场所加班。

6. 及时参加工伤社会保险，辅以适当的商业性保险，以分散工伤法律风险。

防范社保“空窗期”风险

刘某于2018年6月6日进入某大型制造企业甲公司工作，因每月新增人员较多，甲公司统一于每月月底集中办理人员备案及社保增员手续。不幸的是，刘某于6月27日凌晨上夜班时突发疾病死亡（死亡时间为4时30分），当天9时甲公司工作人员为其办理了社会保险增员手续。后刘某被人力资源和社会保障部门认定为工亡，甲公司要求社会保险基金支付刘某的工亡待遇。

《工伤保险条例》第十五条规定：“职工有下列情形之一的，视同工伤：（一）在工作时间和工作岗位，突发疾病死亡或者在48小时之内经抢救无效死亡的；（二）在抢险救灾等维护国家利益、公共利益活动中受到伤害的；（三）职工原在军队服役，因战、因公负伤致残，已取得革命伤残军人证，到用人单位后旧伤复发的。职工有前款第（一）项、第（二）项情形的，按照本条例的有关规定享受工伤保险待遇；职工有前款第（三）项情形的，按照本条例的有关规定享受除一次性伤残补助金以外的工伤保险待遇。”根据这条规定，刘某在工作时间、工作岗位上突发疾病死亡，符合视同工伤的条件，认定为工亡没有问题。那么工亡的待遇都有哪些呢？根据《工伤保险条例》第三十九条的规定：“职工因工死亡，其近亲属按照下列规定从工伤保险基金领取丧葬补助金、供养亲属抚恤金和一次性工亡补助金：（一）丧葬补助金为 6 个月的统筹地区上年度职工月平均工资；（二）供养亲属抚恤金按照职工本人工资的一定比例发给由因工死亡职工生前提供主要生活来源、无劳动能力的亲属。标准为：配偶每月 40%，其他亲属每人每月 30%，孤寡老人或者孤儿每人每月在上述标准的基础上增加 10%。核定的各供养亲属的抚恤金之和不应高于因工死亡职工生前的工资。供养亲属的具体范围由国务院社会保险行政部门规定；（三）一次性工亡补助金标准为上一年度全国城镇居民人均可支配收入的 20 倍。伤残职工在停工留薪期内因工伤导致死亡的，其近亲属享受本条第一款规定的待遇。一级至四级伤残职工在停工留薪期满后死亡的，其近亲属可以享受本条第一款第（一）项、第（二）项规定的待遇。”

甲公司能否要求社会保险基金承担刘某的工伤保险待遇呢？严格按照法律规定来看是不行的，因为刘某发生工伤事故（死亡）在前，办理社会保险登记及缴纳社会保险在后。《工伤保险条例》第六十二条第二款规定：“依照本条例规定应当参加工伤保险而未参加工伤保险的用人单位职工发生工伤的，由该用人单位按照本条例规定的工伤保险待遇项目和标准支付费用。”依照该规定，刘某的工亡待遇应当由其用人单位也就是甲公司承担（按照 2018 年的统计口径，仅一次性工亡补助金即为 785020 元）。

风险提示

实践中，经常出现劳动者到用人单位工作，经过一段时间（不超过一个月），用人单位再与其订立劳动合同、缴纳社会保险。这样操作并不违法，因为法律在订立劳动合同、缴纳社会保险方面给予了用人单位 30 日的“宽限期”。但问题是，如果劳动者恰恰是在这个“空窗期”内受伤的，用人单位的利益就很难保障。比如，前述案例中，近百万元的工伤赔偿，足以击倒一家小型企业。

操作指南

如何化解社保“空窗期”的风险呢？

1. 可以运用商业保险过渡。用人单位可以为新入职的员工在社保“空窗期”内购买商业保险的方式来提供保障，降低自身风险。

2. 尽量避免让社保“空窗期”的员工从事有危险的作业。新入职的员工可以学学公司管理制度，给予其一定的安全教育与培训，尽量不要直接安排有一定危险的工作。

3. 发生工伤事故后也要尽快缴纳社会保险。这样做有两个好处：一方面，尽快缴纳社会保险后可以将相关情况向社会保险经办部门做个说明，陈述一下客观原因（如社保不能随时增加，只能固定时间缴纳），也许社保部门能够考虑予以承担相关待遇；另一方面，即便不能承担，补缴社保后也能将之后“新发生的费用”转由社保承担，如上述案例中“参保后新发生的符合条件的供养亲属抚恤金”①。

---

① 《人力资源社会保障部关于执行〈工伤保险条例〉若干问题的意见（二）》（人社部发〔2016〕29号）第三条规定：“《工伤保险条例》第六十二条规定的‘新发生的费用’，是指用人单位参加工伤保险前发生工伤的职工，在参加工伤保险后新发生的费用。其中由工伤保险基金支付的费用，按不同情况予以处理：（一）因工受伤的，支付参保后新发生的工伤医疗费、工伤康复费、住院伙食补助费、统筹地区以外就医交通食宿费、辅助器具配置费、生活护理费、一级至四级伤残职工伤残津贴，以及参保后解除劳动合同时的一次性工伤医疗补助金；（二）因工死亡的，支付参保后新发生的符合条件的供养亲属抚恤金。”

工伤发生后也应当及时补缴保险

小李于2017年1月进入某公司从事机械制造工作，公司未与小李签订劳动合同，未缴纳社会保险。2017年3月15日，小李发生工伤事故并被认定为工伤，后经鉴定为十级伤残。公司于2017年4月才开始给小李办理社会保险登记并补缴了自2017年1月开始的社会保险费。2017年9月，小李提出与公司解除劳动合同，并要求公司支付经济补偿金和一次性伤残补助金、一次性就业补助金和一次性医疗补助金。那么，公司应否支付上述费用呢？

首先，关于经济补偿金。根据《劳动合同法》第三十八条的规定，用人单位未依法为劳动者缴纳社会保险费的，劳动者可以解除劳动合同。案例中，小李自2017年1月入职，虽然公司直至2017年4月才开始给小李办理社会保险登记，但对于2017年1月开始的社会保险费做了补缴。因此，当小李提出解除劳动合同时，公司已经不存在未依法缴纳社会保险费的违法行为，故对于小李要求支付经济补偿金的请求不应当支持。

其次，关于伤残待遇。《工伤保险条例》第六十二条规定：“用人单位依照本条例规定应当参加工伤保险而未参加的，由社会保险行政部门责令限期参加，补缴应当缴纳的工伤保险费，并自欠缴之日起，按日加收万分之五的滞纳金；逾期仍不缴纳的，处欠缴数额 1 倍以上 3 倍以下的罚款。依照本条例规定应当参加工伤保险而未参加工伤保险的用人单位职工发生工伤的，由该用人单位按照本条例规定的工伤保险待遇项目和标准支付费用。用人单位参加工伤保险并补缴应当缴纳的工伤保险费、滞纳金后，由工伤保险基金和用人单位依照本条例的规定支付新发生的费用。”从这条规定可以看出，应当参加工伤保险而未参加工伤保险的用人单位职工发生工伤的，所有的工伤保险待遇都应由该用人单位承担。但是，请注意：如果用人单位参加工伤保险并补缴应当缴纳的工伤保险费、滞纳金后，由工伤保险基金和用人单位依照该条例的规定支付“新发生的费用”。那么，什么是“新发生的费用”呢？2016 年 3 月 28 日施行的《人力资源社会保障部关于执行〈工伤保险条例〉若干问题的意见（二）》（人社部发〔2016〕29 号）第三条规定：“《工伤保险条例》第六十二条规定的‘新发生的费用’，是指用人单位参加工伤保险前发生工伤的职工，在参加工伤保险后新发生的费用。其中由工伤保险基金支付的费用，按不同情况予以处理：（一）因工受伤的，支付参保后新发生的工伤医疗费、工伤康复费、住院伙食补助费、统筹地区以外就医交通食宿费、辅助器具配置费、生活护理费、一级至四级伤残职工伤残津贴，以及参保后解除劳动合同时的一次性工伤医疗补助金；（二）因工死亡的，支付参保后新发生的符合条件的供养亲属抚恤金。”根据这条规定，一次性伤残补助金在劳动者受伤时就已经发生，所以不属于“新发生的费用”，应当由用人单位支付；一次性就业补助金和一次性医疗补助金的支付条件为双方解除劳动合同，故属于“新发生的费用”，其中一次性就业补助金由用人单位支付，一次性医疗补助金由工伤保险基金支付。所以，上述案例中，小李的一次性医疗补助金应当请求工伤保险基金支付。

风险提示

工伤发生后，如果用人单位不及时缴纳工伤保险，新发生的工伤保险待遇将不能由社会保险基金支付。

操作指南

职工因工受伤时，如果用人单位没有缴纳工伤保险，最好尽快补缴，这不仅是法律的要求，而且在经济上也是划算的。正如案例中的用人单位，因为及时补缴了社会保险，不仅避免了经济补偿金损失，而且一次性医疗补助金也由社保基金承担。

对“三期”女工应谨慎进行用工管理

对于孕期、产期、哺乳期的女职工，法律设定了特殊保护规则。对于“三期”之内的女职工，用人单位在进行用工管理时一定要慎之又慎，避免造成损失。

一、对“三期”女工可以调岗吗?

小张系某单位的操作工，已经怀孕3个多月了。由于工作期间需要长时间坐着，有时还需要弯腰，小张便向公司反映，要求调岗。公司人事部门答复，没有合适的岗位可以调，如觉得无法工作，可以请病假。小张不愿请病假，坚决要求调岗。

《女职工劳动保护特别规定》第六条规定：“女职工在孕期不能适应原劳动的，用人单位应当根据医疗机构的证明，予以减轻劳动量或者安排其他能够适应的劳动。对怀孕 7 个月以上的女职工，用人单位不得延长劳动时间或者安排夜班劳动，并应当在劳动时间内安排一定的休息时间。怀孕女职工在劳动时间内进行产前检查，所需时间计入劳动时间。”根据该规定，女职工在孕期不能适应劳动的，用人单位可以给予调岗，但需要怀孕女职工提供医疗机构的证明。《山东省女职工劳动保护办法》规定得更详细一些，第十一条规定：“用人单位应当按照下列规定对孕期女职工给予保护：（一）不安排国家规定的孕期禁忌从事的劳动；（二）不能适应原安排的劳动的，根据医疗机构诊断证明减轻其劳动量或者安排其他能够适应的劳动；（三）在劳动时间内进行产前检查的，将其所需时间计入劳动时间；（四）怀孕不满3个月并且妊娠反应剧烈的，在劳动时间内安排其一定的休息时间；（五）怀孕7个月以上的，不延长其劳动时间或者安排其夜班劳动，每天在劳动时间内安排其休息不少于1小时。孕期女职工上班确有困难申请离岗休息的，可以与用人单位协商。”根据该规定，如果女职工自己不愿意调岗，也可以采取减轻劳动量、安排一定时间的休息等方式，如果上班确有困难，还可以与用人单位协商离岗休息。

二、与怀孕女工解除劳动合同需谨慎

小王于2009年9月到某服装公司从事裁剪工作，合同期限为2009年9月至2014年9月，每月工资2500元。2011年3月，小王经医院确认怀孕。因妊娠反应强烈、身体不适，自2011年5月25日开始，小王住院治疗15天。在住院前，小王打电话向公司领导请了假。住院期间，小王又叫丈夫两次将医院的诊断证明送给所在班组的生产班长。2011年6月，等小王出院回来上班时却被告知，因为旷工被公司辞退了。公司认为，根据公司《管理办法》的规定，请病假要书面向人事部门提交病假条和医院的诊断证明书，小王既没有书面假条，也没有向人事部门提交医院的诊断证明，因此属于旷工。小王感觉很委屈，于是向劳动仲裁部门提出申诉，要求公司继续履行劳动合同并赔偿损失。

小王的遭遇比较典型，有些用人单位会找个理由将“三期”女工辞退。这个案例中需要先搞清楚“旷工”的概念。所谓旷工，一般是指职工在正常工作日无正当理由不请假或请假未批准的缺勤行为。所以，未请假或请假未批准的缺勤还不构成旷工，还需要“无正当理由”。案例中，小王确实因病在医院治疗，只是请假手续有瑕疵，没有按照用人单位的规定书面请假以及向人事部门请假，但这并不能构成旷工。《女职工劳动保护特别规定》第五条规定：“用人单位不得因女职工怀孕、生育、哺乳而降低其工资、予以辞退、与其解除劳动或者聘用合同。”根据《山东省女职工劳动保护办法》第八条的规定，用人单位不得因女职工结婚、怀孕、生育、哺乳等情形降低其工资、福利待遇，限制其晋级、晋职、评定专业技术职务，单方面解除劳动合同、聘用合同或者予以辞退。最终，劳动仲裁部门裁决用人单位继续履行与小王的劳动合同并赔偿其工资等损失。

风险提示

同病假员工一样，用人单位对孕产期和哺乳期女工的管理和处理也应当慎之又慎，否则很容易变成违法解除，企业要付出高额成本。

操作指南

对于“三期”女工，法律法规有特殊保护。根据《劳动合同法》第四十二条的规定，女职工在孕期、产期、哺乳期的，用人单位不得依照本法第四十条、第四十一条的规定解除劳动合同。也就是说，在患病或非因工负伤医疗期满（第四十条第一项）、不能胜任工作（第四十条第二项）、情势变更无法达成协议（第四十条第三项）、经济困难或转产需要裁员（第四十一条）等情况下，用人单位均不得解除劳动合同。同时，《劳动合同法》第四十五条规定：“劳动合同期满，有本法第四十二条规定情形之一的，劳动合同应当续延至相应的情形消失时终止……”也就是说，劳动合同期满时还处于“三期”的女职工，劳动合同延续至“三期”期满才能终止。

当然，劳动法对“三期”女工的保护也不是绝对的，在特定情况下“三期”女工的劳动合同仍然是可以解除的。比如：1. 双方协商一致可以解除劳动合同（《劳动合同法》第三十六条）；2. 女职工存在过错，用人单位可以解除劳动合同（《劳动合同法》第三十九条）。但是，在适用这些规定的时候一定要慎重，做到证据确凿、规章制度依据清楚及准确。

调岗应依法有据

王小二于2013年2月23日到某公司工作。双方签订劳动合同约定，王小二担任公司财务部经理，工资为每月9100元。同时，合同还约定，公司可根据生产经营需要或其他原因调整员工的工作岗位。2015年7月，公司向王小二发出一份通知，内容为“王小二：因你工作期间表现不佳，经公司研究决定，自2015年8月1日起王小二先生不再担任财务部经理一职，公司安排王小二先生转岗到办公室担任文员一职，请于3日内交接工作到新岗位报到。”王小二收到通知后，拒绝到新岗位上班，仍每天到财务部上班。他还给公司回复了一封邮件，内容为“我于2015年7月28日收到公司将我由财务部经理调岗到办公室文员的通知。因该通知违反劳动合同的岗位约定，本人不同意公司擅自调岗的行为。我要求公司恢复我的原工作岗位”。2015年8月10日，公司以王小二旷工已经超过5天为由，向王小二发出解除劳动合同通知。王小二不服，向劳动争议仲裁委员会申请仲裁，请求裁决公司支付违法解除劳动合同经济补偿金。

这个案子涉及两个焦点问题：**一是公司的单方调岗行为是否合法合理。**调岗属于变更劳动合同，关于变更劳动合同，《劳动合同法》第三十五条规定：“用人单位与劳动者协商一致，可以变更劳动合同约定的内容。变更劳动合同，应当采用书面形式。变更后的劳动合同文本由用人单位和劳动者各执一份。”可见，一般情况下的调岗（变更劳动合同），需要用人单位与劳动者协商一致，不能随便单方调整。但是有一种情况下的调岗是不需要协商一致的，那就是《劳动合同法》第四十条第二项规定的情形“劳动者不能胜任工作，经过培训或者调整工作岗位，仍不能胜任工作的”。换句话说，用人单位只要有证据证明劳动者不能胜任工作，就可以不经协商调整劳动者的工作岗位，如果调整后仍然不能胜任的，甚至可以单方解除劳动合同。案例中，从公司发出的通知来看，是想以“不能胜任工作”为由给王小二调岗，那么仲裁审理的关键就在于公司是否有证据证明王小二不能胜任工作，如果有，就是合法调岗；如果没有，公司的调岗行为就属于未经协商单方调岗，是非法的。**二是劳动者拒不到新岗位工作是否构成旷工。**这个问题与前一个问题相关联，如果用人单位的调岗是合法调岗，如确实有证据证明劳动者不能胜任工作，那么用人单位根据自主经营权调整劳动者的岗位，劳动者不去新岗位报到或者不服从工作安排的话，认定为旷工一般不会有争议。但如果用人单位的调岗不具有合法性或合理性，劳动者消极应对，用人单位可否以严重违纪解除合同呢？在这种情况下，有两种意见：一种观点认为，既然用人单位是不合法调岗，那劳动者自然可以不受其约束，劳动者旷工是用人单位未按约定提供劳动条件所致，故用人单位解除劳动合同不具有合法性；另一种观点认为，接受用人单位的管理和安排是劳动者的基本义务，即使用人单位的调岗不合理，劳动者也应当积极协商或者申诉解决，不应当以旷工等形式消极对抗，故用人单位可以依照规章制度以旷工为由解除劳动合同。实践中这两种意见都有支持者，更多依据的是案件具体情况和裁判者的自由裁量权。

另外，不得不提的是，案例中双方劳动合同中关于岗位的约定是有问题的，约定为“财务部经理”过于狭窄，限制了公司的管理权。2008 年《劳动合同法》已经将劳动合同必备条款中的“工作岗位”调整为“工作内容”，这点请大家注意，工作内容要比工作岗位宽泛得多。

风险提示

调整工作岗位是引发劳动争议的高发区，如果企业调岗处理不当，要么引发职工消极对抗，要么因减少工资待遇或以旷工为由解除劳动合同引发劳动争议，易被认定为违法并付出高额成本。

操作指南

关于调岗，有以下几点需要注意：

1. 用人单位因员工不能胜任工作而调岗，一定要注意收集和保存好相关证据。

2. 在劳动合同中，一定要约定公司有调整工作岗位的权利和“薪随岗变”等条款，不是说到时候一定管用，但没有肯定不行。

3. 不论是何种情形的变更劳动合同，均应当采用书面形式。

违约金不能随意约定

2008 年 1 月，某机床制造厂与新进员工熊某签订了三年的劳动合同，并约定在正式上班前要对熊某进行一个月的厂内业务熟悉培训，包括生产安全教育培训。为此，该制造厂与熊某约定了三年的服务期，即熊某自入职后三年内不得提出辞职，如其辞职，应支付违约金 2 万元。2009 年 8 月，熊某因家中有事向制造厂提出辞职，制造厂要求熊某支付违约金 2 万元。

《劳动合同法》第二十二条规定："用人单位为劳动者提供专项培训费用，对其进行专业技术培训的，可以与该劳动者订立协议，约定服务期。劳动者违反服务期约定的，应当按照约定向用人单位支付违约金。违约金的数额不得超过用人单位提供的培训费用。用人单位要求劳动者支付的违约金不得超过服务期尚未履行部分所应分摊的培训费用……"《劳动合同法实施条例》第十六条规定："劳动合同法第二十二条第二款规定的培训费用，包括用人单位为了对劳动者进行专业技术培训而支付的有凭证的培训费用、培训期间的差旅费用以及因培训产生的用于该劳动者的其他直接费用。"

用人单位为劳动者提供专项培训费用，对其进行专业技术培训的，可以与该劳动者订立协议，约定服务期，但必须同时符合两个条件才能签订服务协议：

（1）用人单位为劳动者提供专项培训费用。

首先要明确的是，这里的培训费用指的是专项培训费用，而不是因诸如岗前培训等一般培训而发生的费用。

（2）用人单位对劳动者进行专业技术培训。

这里的专业技术培训是相对普通职业培训来说的。普通职业培训只是让员工了解其工作岗位的基本内容，使其能基本上适应企业的生产要求。而专业技术培训旨在让员工掌握新的专业知识与职业技能，提高其职业素质，是一种高层次行为。比如，公司从国外引进一条生产线，必须有员工熟悉生产线的业务流程与操作，为此，公司把员工送到国外去参加培训，培训完成后回来指导该生产线的具体操作。用人单位的这种培训便是专业技术培训，只有专项培训才可以约定服务期。

案例中，制造厂为熊某提供的只是岗位的普通培训，不属于专业技术培训。因此，制造厂与熊某关于服务期的约定是无效的，熊某不需要支付违约金。

风险提示

服务期的约定必须符合法律规定，否则违法约定的服务期无效，起不到阻止劳动者离职的效果。

操作指南

坦率地说，在目前的法律规定背景下，企业利用违约金来阻止劳动者离职的效果并不理想。理由是：一方面，对劳动者来说，换一个合适的用人单位与支付违约金相比更为重要，甚至有的劳动者连档案材料都不要就走了；另一方面，用人单位强行留下劳动者也是“留得了人，却留不住心”，劳动者的工作积极性和工作成效可想而知。所以，建议用人单位在约定违约金之前做好详细评估，避免滥用违约金条款从而增加不必要的成本。确实需要约定违约金的，一定要签订服务期协议，同时保存好培训支出的各种单据。另外，尽量不要为处于试用期的员工提供专项培训费用、进行专业技术培训，以避免损失。

从三个案例读懂竞业限制

【案例一】

王某于2013年10月9日与甲科技公司签订劳动合同，王某被聘为技术员，聘期两年。双方签订了保密协议，协议约定：王某要遵守保密义务，在公司工作期间及离职后两年内不得将公司的信息、资料透露给第三人，如违约，王某须一次性赔偿甲科技公司经济损失10万元。同时，约定公司每月支付王某保密费1000元。2014年11月15日，王某与甲科技公司解除劳动合同。2015年6月，甲科技公司发现，王某注册了一家A科技公司，与甲科技公司存在竞争关系，于是向劳动仲裁部门申请仲裁，要求王某支付违约金10万元。

《劳动合同法》规定，劳动者与用人单位可以在保密协议中约定竞业限制条款，所以许多人误以为保密义务和竞业限制义务是一回事。实际上，保密义务并不等于竞业限制义务。保密义务是法定义务，即使双方不约定，劳动者也应当遵守；竞业限制是约定义务，双方不约定就不会产生。同时，保密义务一般不需要支付费用，当然也有很多公司支付保密费，但千万不要把保密费视为竞业限制补偿；而竞业限制是需要支付补偿的，不约定补偿，劳动者可以主张竞业限制协议无效或者主张法定标准的补偿。在案例一中，甲科技公司就犯了想当然的错误，把保密义务和保密费误认为是竞业限制义务和竞业限制补偿。因为双方没有约定竞业限制，故甲科技公司要求支付违约金的请求是得不到支持的。

【案例二】

王某于2013年10月9日与甲科技公司签订劳动合同，王某被聘为技术员，聘期两年。双方在劳动合同中约定了竞业限制：合同解除或终止后，王某两年内不得在本地区从事与甲科技公司相同性质的工作，如违约，王某须一次性赔偿甲科技公司经济损失10万元。因甲科技公司拖欠王某2014年9月、10月两个月的工资，2014年11月15日，王某向公司提出解除劳动合同。后双方因经济补偿、竞业限制等问题未协商一致，王某向区劳动争议仲裁委员会申请仲裁，要求甲科技公司补发两个月工资，支付解除劳动合同经济补偿金，并要求确认劳动合同中的竞业限制约定条款无效。

根据《劳动法》《劳动合同法》等相关法律法规的规定，用人单位与劳动者应当按照劳动合同的约定，全面履行各自的义务。用人单位应当按照劳动合同约定和法律规定，向劳动者及时足额支付劳动报酬。在劳动者已履行劳动义务的情况下，用人单位未按劳动合同约定的数额、日期或方式支付劳动报酬的，劳动者可以与用人单位解除劳动合同，并且要求用人单位支付经济补偿金。在案例二中，甲科技公司没有按照劳动合同的约定向王某按时足额支付劳动报酬，因此，王某有权解除劳动合同，并要求甲科技公司支付拖欠的劳动报酬以及解除劳动合同经济补偿金。

所谓竞业限制，是指负有特定义务的劳动者在任职期间或者离任后的一定期间，不得自营或者为他人经营与所任职的企业同类性质的行业。《劳动合同法》第二十三条第二款规定，对负有保密义务的劳动者，用人单位可以在劳动合同或者保密协议中与劳动者约定竞业限制条款，并约定在解除或者终止劳动合同后，在竞业限制期限内按月给予劳动者经济补偿。那么，在竞业限制协议中未约定经济补偿怎么办呢？这种情况下，竞业限制协议并不像很多人想象的那样当然无效。首先，劳动者可以不履行竞业限制协议，也就是说让竞业限制协议无效；其次，劳动者也可以选择履行竞业限制协议，并要求经济补偿，也就是让竞业限制协议有效。对经济补偿没有约定标准怎么办呢？《最高人民法院关于审理劳动争议案件适用法律若干问题的解释（四）》第六条规定了法定标准，即每月按劳动者在劳动合同解除或者终止前十二个月平均工资的 30% 支付，同时上述标准如低于劳动合同履行地最低工资标准的，按劳动合同履行地最低工资标准支付。在案例二中，因双方未约定经济补偿，王某要求确认竞业限制协议无效的，仲裁机构应当予以支持。

【案例三】

王某于 2013 年 10 月 9 日与甲科技公司签订劳动合同，王某被聘为技术员，聘期两年。双方在劳动合同中约定了竞业限制：合同解除或终止后，王某两年内不得在本地区从事与甲科技公司相同性质的工作，如违约，王某须一次性赔偿甲科技公司经济损失 100 万元。同时，约定甲科技公司在王某离职后每月支付其竞业限制补偿 1000 元。2014 年 11 月 15 日，王某与甲科技公司解除劳动合同。2015 年 6 月，甲科技公司发现，王某注册了一家 A 科技公司，与甲科技公司存在竞争关系，于是向劳动仲裁部门申请仲裁，请求：1. 裁决王某支付竞业限制违约金 100 万元；2. 裁决王某继续履行竞业限制协议。王某在答辩时表示，甲科技公司只支付过其两个月的竞业限制补偿，已经连续四个月未支付补偿了（属实），故竞业限制协议已经失效。另外，竞业限制违约金过高，也属于无效。

首先，从王某的角度讲，其在发现用人单位连续四个月未支付补偿的情况时，应当及时通知用人单位解除竞业限制协议。《最高人民法院关于审理劳动争议案件适用法律若干问题的解释（四）》第八条规定："当事人在劳动合同或者保密协议中约定了竞业限制和经济补偿，劳动合同解除或者终止后，因用人单位的原因导致三个月未支付经济补偿，劳动者请求解除竞业限制约定的，人民法院应予支持。"如果王某及时通知甲科技公司解除了竞业限制协议，就不存在后面的被追究违约责任了。其次，在竞业限制协议未解除的情况下，王某和甲科技公司都应当遵守约定。对王某来说，其开办了与甲科技公司有竞争关系的公司，违反了竞业限制协议，甲科技公司可以追究其违约责任。当然，王某认为违约金数额过高的话，可以请求法院或者仲裁机构予以调整，但不影响协议效力。对甲科技公司来说，其没有及时支付竞业限制补偿，同样构成违约。王某除了可以按照前述规定通知甲科技公司解除协议外，还可以起诉（或者在本案中反诉）要求甲科技公司支付补偿。最后，王某支付竞业限制违约金后是否就没事了呢？不，按照法律规定，王某在支付违约金后仍然要遵守竞业限制协议。《最高人民法院关于审理劳动争议案件适用法律若干问题的解释（四）》第十条规定："劳动者违反竞业限制约定，向用人单位支付违约金后，用人单位要求劳动者按照约定继续履行竞业限制义务的，人民法院应予支持。"

风险提示

企业与劳动者约定竞业限制必须依法依规，不能只有权利而没有义务，否则竞业限制协议无效。竞业限制协议签订后，企业要严格依约履行，否则劳动者有权主张权利或者要求解除协议。

操作指南

要充分发挥竞业限制的作用，企业就一定要拟订完善的竞业限制协议，尽量明确约定竞业限制的行业，并设置兜底性条款；约定离职员工不得以任何方式与竞争企业产生关联性，并明确具体情形。企业还要及时支付竞业限制补偿，避免竞业限制失效。企业如果发现劳动者入职竞争单位或从事竞争业务，应积极取证，采取法律行动。

员工离职的年终奖发放详解

刘某于2013年7月入职某房产销售公司担任房产经纪人，月工资为5000元。2016年10月31日双方合同到期后，房产销售公司与刘某终止劳动合同。2017年2月，公司其他员工都发放了年终奖，刘某却没有领到。于是，刘某起诉要求房产销售公司支付其2016年的年终奖5万元。房产销售公司称，双方没有关于年终奖的约定，是否发放年终奖及发放金额由公司根据员工的表现自主决定，刘某2016年工作业绩不佳，且未工作到年底，因此公司未向其发放2016年的年终奖。

法院审理后认为，向劳动者发放年终奖并非用人单位的法定义务，刘某与房产销售公司之间亦没有对此进行明确约定，故是否向刘某发放年终奖或相应年终奖的数额应属公司自主决定的权限范围，刘某要求房产销售公司支付5万元年终奖的诉讼请求没有依据，不予支持。

一般认为，年终奖属于劳动报酬的一种，是用人单位对于员工一年辛苦工作的奖励。年终奖是奖金，奖金发放属于用人单位自主权的范畴，其发放额度、发放时间和发放形式由企业根据自身情况来确定。目前的法律、法规并无要求用人单位发放年终奖的具体规定。那么这个“年终奖”发与不发，在实践中到底怎么操作呢？

实践中的判例一般认为，如果劳动合同中或者用人单位规章制度以及其他文件中明确约定或规定年终奖金属于用人单位劳动报酬的一部分，或者明确约定或规定了年终奖的支付条件、标准，且劳动者满足了相应条件，那么用人单位就应当支付员工的年终奖。反之，若劳动合同或规章制度未约定或规定年终奖的，或者有证据证明劳动者不符合约定或规定的年终奖发放条件的（如规定年终奖仅适用于在发放时仍在职的员工），则通常情况下用人单位无须向劳动者发放年终奖。当然，也有判例认为，根据劳动法“同工同酬”的原则，用人单位应根据劳动者的工作业绩与个人表现确定工资标准。在离职员工已经提供劳动义务，且工作业绩符合年终奖享受条件的情况下，不能仅凭其已经离职就不发放全部年终奖。

风险提示

年终奖没有约定或者约定不明确的，易引发劳动纠纷，目前此类纠纷也越来越多。

操作指南

一般来说，年终奖是否发放要看双方约定及规章制度、文件的规定，如果没有相关约定或规定，则属于用人单位自由裁量权的范畴，发不发、发多少由用人单位说了算。所以，为了避免争议，企业应当尽量完善劳动合同及规章制度，明确年终奖的发放条件，明确哪些情况下不发放年终奖，发生争议时就会有一个相对明确的预期。

辞职，可不是单位给予的权利

曾看到网上流传的某医院的一份正式文件，其中规定“高层次人才不给予辞职”，笔者哑然失笑。笔者真心觉得，目前劳动关系领域的主要矛盾已经转变为“劳动者日益增长的权利意识、法治意识与企业管理者粗放、任性的管理方式之间的矛盾”。当前，大多数劳动争议都是由这一主要矛盾引起的。就拿辞职来说，《劳动合同法》第三十七条规定得很明确：“劳动者提前三十日以书面形式通知用人单位，可以解除劳动合同。劳动者在试用期内提前三日通知用人单位，可以解除劳动合同。”这条规定充分表明，辞职是劳动者的权利，劳动者辞职只需要遵守提前通知用人单位的程序规定即可，用人单位是没有“不给予辞职”的权利的。现在很多企业，尤其是中小企业管理者不能适应这个规定，想当然地认为“辞职需要单位批准，单位不批准就辞职是违法的”。可别以为他们只是想想而已，实际上为了阻止劳动者辞职，他们想出了各种办法，如扣押档案、不发工资、不出具解除劳动合同证明等，引发了诸多纠纷，结果就是企业承受了更大的损失。

当然，笔者也听到很多企业管理者在抱怨：现在《劳动合同法》对员工太宽松了，员工想走就走，有的根本就不打招呼，企业一点办法都没有。这说的也是事实，但在国家法律没有改变之前，我们只能主动去适应法律，而不是强行跟法律对着干。

再说，对于说走就走的员工，法律也并非没有制约，《劳动合同法》第九十条就规定："劳动者违反本法规定解除劳动合同，或者违反劳动合同中约定的保密义务或者竞业限制，给用人单位造成损失的，应当承担赔偿责任。"用好这一条，同样能最大限度地维护企业的利益，前提是要完善好规章制度，事后注意保存证据、固定损失。

风险提示

企业强行不允许职工辞职，甚至为达到此目的采取扣押档案、不发工资、不出具解除劳动合同证明等方式，极易引发纠纷，企业败诉率很高，且会造成违法成本支出。

操作指南

用人单位没有权利限制职工辞职，同样道理，对于员工的辞职通知，用人单位也没有"批准权"，但这并不是说用人单位什么也不能做，用人单位的留人重点应当转向"待遇留人""情感留人"。另外，用人单位还要规范用工，在工资支付、社保缴纳、规章制度等方面避免出现违法，防止让劳动者抓住漏洞随时辞职。

协商解除，谁先提出很重要

潘某是某油漆公司的技术员，与公司签订了为期2年的劳动合同。当时，正值公司的产品适销对路，又恰逢市场需求旺季，所以潘某的奖金很高，工作也比较忙，潘某对工作非常满意。年底，淡季到了，公司因资金周转困难，工资发放也成问题，潘某整日无事可做。于是公司与潘某协商，说："公司现在不景气，产品销路也不好，你要是另谋出路我们也不拦着。"潘某同意与公司解除合同，但他提出公司应该支付一定的经济补偿金。公司认为，双方是协商一致解除劳动合同，且解除合同的原因是客观的、正当的，公司现在经营困难，因此没有必要予以补偿。

用人单位与劳动者协商一致，可以解除劳动合同，而协商一致解除劳动合同，又分为两种情形，一种是劳动者主动提出解除劳动合同，另一种是用人单位提出解除劳动合同。在第一种情形之下，用人单位无须向劳动者支付经济补偿金，而在第二种情形之下，用人单位要向劳动者支付经济补偿金，支付标准是按劳动者在本单位工作的年限，每满一年支付一个月工资。案例中，油漆公司因不景气，产品销路不好，提出与潘某解除劳动合同，潘某同意。在这种情况下，双方解除劳动合同时，油漆公司应向潘某支付经济补偿金，而不能以双方是协商一致解除劳动合同，且解除合同的原因是客观的、正当的或经营困难等为由拒绝支付劳动者的经济补偿金。

风险提示

劳动者提出协商解除，企业无须支付经济补偿金，而企业提出协商解除，需要支付经济补偿金。

操作指南

正是因为协商解除谁先提出直接决定劳动者能否得到经济补偿金，实践中，当用人单位和劳动者发生矛盾时，就出现了一种奇怪的现象：双方谁也不提解除劳动合同，用人单位也不安排工作，劳动者每天都去打卡，就这么僵持着。其实，这样僵持下去对双方都没有好处，而且也很容易被对手抓住漏洞，作为强势一方的企业不妨大度一点，主动破冰，没什么问题是沟通解决不了的。

操作过程中，企业要注意以下几点：

1. 尽量不要采取一些非常规手段迫使、威胁员工主动提出辞职，否则有法律风险，不仅要承担相应的法律责任，也会损害自身的形象与声誉。

2. 劳动者主动提出协商解除的，一定要保留其提出的书面申请，以保存证据。

3. 解除劳动协议书等文书必须写明是哪一方提出的解除。

试用期间被证明不符合录用条件 vs 不胜任工作

某公司要招聘一名销售人员，招聘广告中的录用条件为：大学本科以上学历，年龄35周岁以下，具有三年销售工作经验。经过层层筛选，公司最终确定李某符合招聘条件并予以录用，公司与李某签订了3年的劳动合同，试用期为3个月。没想到，工作两个月后，销售主管就跟公司人事部反映，李某连续两个月业绩不达标，达不到销售工作要求，建议人事部予以辞退。人事部认为，反正李某还在试用期，法律规定试用期不符合录用条件的可以即时解除劳动合同，于是就以公司名义向李某发出了解除劳动合同通知书。李某不服，认为公司属于违法解除劳动合同，于是向劳动仲裁部门提起申诉，要求公司支付赔偿金。

仲裁委员会经过审理认为，被申请人无证据证明李某不符合录用条件，因此属于违法解除劳动合同，支持了李某的赔偿金请求。

根据《劳动合同法》第三十九条第一项的规定，劳动者在试用期间被证明不符合录用条件的，用人单位可以解除劳动合同。用人单位适用该条解除劳动合同需要满足两个前提，一个是“在试用期内”，另一个是“被证明不符合录用条件”，从案例来看，李某完全符合“大学本科以上学历，年龄35周岁以下，具有三年销售工作经验”这些录用条件，因此公司以李某不符合录用条件为由与李某解除劳动合同是有问题的，公司很可能因此承担赔偿责任。那么，公司就不能解除与李某的劳动合同了吗？不是的，公司可以依照《劳动合同法》第四十条第二项（“劳动者不能胜任工作，经过培训或者调整工作岗位，仍不能胜任工作的”）与李某解除劳动合同，不过依照该条解除需要提前一个月通知并支付经济补偿金。

实践中，很多 HR 将“试用期间被证明不符合录用条件”等同于“不胜任工作”，事实上二者是有显著区别的。第一，不符合录用条件解除首先需要有录用条件，并且有证据证明劳动者不符合录用条件，这里的录用条件不限于工作能力方面；而不胜任工作解除与录用条件没有关联，是录用后工作能力的问题。第二，不符合录用条件解除仅限试用期间行使，而不胜任工作解除在整个劳动关系存续期间均可行使。第三，不符合录用条件解除是即时解除，且无须支付经济补偿金，而不胜任工作解除需要提前一个月通知或支付代通知金，且要支付经济补偿金。第四，解除流程不同，不符合录用条件解除通知劳动者即可，而不胜任工作解除的流程是：1. 证明劳动者不胜任工作；2. 经过培训或者调整工作岗位；3. 劳动者仍然不胜任工作。

“试用期间被证明不符合录用条件”也不等同于劳动者欺诈，虽然二者有重合之处，如录用条件要求本科学历，劳动者用伪造的本科毕业证书应聘入职，但不符合录用条件不要求劳动者有欺诈的故意，劳动者客观上不符合录用条件即可。

风险提示

试用期内究竟选择适用“被证明不符合录用条件”还是“不胜任工作”与劳动者解除劳动合同，需要企业做好权衡，选择错误有可能导致违法解除，支付赔偿金。

操作指南

以上案例，提醒用人单位：

1. 当解除劳动合同有多种选择时，一定要选择最合适的、风险最小的。

2. 试用期间被证明不符合录用条件不等于不胜任工作，二者的构成要件不同，仲裁机构的审查要点也不同，不能混用。

3. 公司招聘要求的录用条件一定要明确、具体，如果对能力、业绩有要求要体现出来。

4. 试用期满之后，就不能再以“被证明不符合录用条件”与劳动者解除合同了。

对“打架条款”的规定

【案例一】

张某于2010年3月到某机械公司从事钳工工作，与公司的劳动合同续订至2019年3月31日。2016年3月23日，公司向张某送达《与张某解除劳动合同的决定》，内容为：“你于2016年3月12日午间休息时间在员工活动室内与同事王某发生肢体冲突，影响恶劣，经查证情况属实。根据公司《奖惩管理制度》规定，对同事使用暴力威胁、恐吓、妨害团体秩序或殴打同事或相互殴打，情节恶劣者为严重违纪，经调查属实者，立即解除劳动合同，故公司决定与你解除劳动合同，请在接到本通知之日到公司人事科办理离职手续。”张某对此不服，到劳动仲裁委员会申请仲裁，要求公司支付违法解除劳动合同赔偿金。

【案例二】

孙某于2005年7月到某制造公司工作，先后担任工人、车间班组长等。2014年7月与公司签订了无固定期限劳动合同。2016年3月2日，孙某与同班组的工人李某发生争吵并引发肢体冲突，后被人拉开。3月29日，公司向孙某发出《关于对孙某的违纪处理决定》，内容为：“经调查：2016年3月2日13：12左右，因生产过程中的质量缺陷，你与班组一成员发生语言争执，进而发生肢体冲突，随后被旁边工作的其他员工拉开。此事件属于因工作管理问题发生争执导致的生产现场打架事件。事件中，双方均有动手打人行为，你作为班组长未能以身作则，与组员打架，对现场的管理造成了不良影响，产生了不良后果。你的行为属于‘在公司与区域内打架造成一定后果’的情形。根据公司《员工违纪处理办法》违纪处理条款‘C.24 在公司区域内打架造成一定后果，或斗殴、赌博等’规定，经公司研究决定，给予你解除劳动合同违纪处理。”孙某对此不服，到劳动仲裁委员会提起仲裁，要求公司支付违法解除劳动合同赔偿金。

这两起职工打架的案子很相似：都是用人单位因为职工打架与职工解除劳动合同，职工对基本事实都没有争议，有争议的是，两名职工都对构成严重违纪以致解除劳动合同有异议，要求用人单位支付赔偿金。案件的处理结果就不说了，在笔者看来，结果也不重要，许多人研究案例只注重最后的结果，实际上并不是结果才有指导意义，因为对同样的案件，不同的地方、不同的裁判者可能会有不同的结论，所以结果有时候意义并不大，重要的是我们从案件中学到了什么。

对企业来说，要重视规章制度的完善。在案例一中，公司关于打架的规定为“相互殴打，情节恶劣者”可解除劳动合同，申请人的律师认为申请人虽与其他职工发生推搡，但情节十分轻微，持续时间短，也未造成什么后果，不构成打架；在案例二中，公司关于打架的规定有两款，一款为“在公司区域内打架”的予以警告处分，另一款为“在公司区域内打架造成一定后果，或斗殴、赌博的”可以解除劳动合同，申请人的律师同样认为孙某的行为没有“造成一定后果”，不应适用后一款。严格说来，案例中两个公司的规章制度都有一定瑕疵。须知，企业规章制度的作用有三：第一是预防，就是在职工想犯错误的时候提供一种“拉回来”的力量；第二是处理，即发生相应的行为时有规章可寻；第三是预测，就是在适用规章制度处理职工的时候，能够预测会得到肯定性评价。现在的很多企业只重视第二个功能，对第一个功能和第三个功能则不够重视，尤其是预测功能，就像案例中两个公司的“打架条款”，如果再明确一点，去掉一些不必要的限制，就可以增加胜诉的确定性，而不是把这个问题完全交给裁判者去“自由裁量”。

风险提示

企业规章制度必须明确具体，如果规章制度有瑕疵，轻则不能适用，即企业不能依据规章制度解除犯错误员工的劳动合同，重则劳动者可以以企业规章制度违法为由提出解除劳动合同并要求经济补偿。

操作指南

1. 企业规章制度应合法。不得有违反国家法律法规的内容，如规定员工合同期内不能结婚生育，上下班要搜身检查等。

2. 企业规章制度应合理。不能有明显不合理的条款，如把“一个月累计迟到 1 小时”作为员工“严重违纪”“发生工伤个人负有责任”，这样的规定肯定就不合情理了。

3. 企业规章制度应具体。对含混不清的条款，最好进行明确解释，如什么情形为“重大损失”，造成怎样的后果属于“一定后果”。

员工被拘留能否辞退?

关于员工嫖娼被拘留公司能否解除劳动合同一直是热议问题，先看两个案例：

【案例一】

2011年4月20日，齐某到某公司工作。2014年6月20日，双方续签自2014年7月1日起至2017年6月30日止的劳动合同。2015年1月23日，因齐某涉嫌嫖娼，公安机关传唤其到派出所接受询问，同日，公安机关作出行政处罚决定，对齐某处以行政拘留10日的处罚。2015年2月5日，公司对齐某作出解除劳动合同决定，理由为“齐某于2015年1月26日至2月2日期间无故旷工6个工作日，严重影响公司生产运营及热处理程序的生产计划安排，导致部分产品生产效率下降”。

案件经历了劳动仲裁和法院一审、二审，二审法院经审理认为，本案双方当事人争议的焦点问题是：公司解除与齐某的劳动合同是否属于违法解除。对此，法院认为，首先，根据《劳动合同法》第三十九条“劳动者有下列情形之一的，用人单位可以解除劳动合同……（六）被依法追究刑事责任的”规定，齐某系被公安机关行政处罚，不符合用人单位解除劳动合同的法定情形。其次，齐某于2015年1月23日从公司被公安机关带走，因而1月23日至2月2日期间未能到公司上班。公司欲以旷工为由对齐某作出处理，理应对齐某为何被公安机关带走以及为何未上班进行核实。即使公司当时无法核实，也应当在齐某于2015年2月5日签收解除劳动合同通知书时，向齐某了解核实相关情况，给齐某申辩的机会。本案中，齐某未能到用人单位上班系因被公安机关限制人身自由，并不属于无故旷工，而公司未了解核实相关情况、未给齐某申辩的机会，即以旷工为由解除了与齐某的劳动合同，依据不足。因此，公司解除与齐某的劳动合同属违法解除，一审判令公司支付违法解除劳动合同赔偿金，并无不当，本院予以维持。

【案例二】

陈某系甲公司员工，受公司委派在镇财政所从事财务工作。2015年10月20日，陈某与同事利用午饭后的休息时间，外出参与嫖娼活动，被苏州市公安局治安警察支队抓获。

次日，苏州市公安局直属分局出具《行政处罚决定书》，给予陈某行政拘留15日之处罚。11月30日，镇政府将陈某清退回单位，并建议由单位给予解除劳动合同关系的处理。12月22日，甲公司通知陈某解除劳动合同，理由为“根据公司规章制度，有如下情况：1.无故旷工3日以上，或一年内累计旷工6日以上；2.被行政拘留或被判有期徒刑等情况者，本公司可不预先通知而终止聘用关系，并不给予当事人经济补偿”。2016年1月26日，陈某申请仲裁，请求裁决公司支付违法解除赔偿金。

案件同样经历了劳动仲裁和法院一审、二审，二审法院经审理认为，陈某应同时遵守甲公司和镇财政所的规章制度、工作纪律，但陈某不仅未能在遵纪守法方面起表率作用，反而在工作间隙外出嫖娼致被公安机关当场抓获并处以15日行政拘留，该行为不仅有悖社会主义价值观、有违社会公德及善良风俗，还严重违反了《治安管理处罚法》，更严重违反了镇财政所的工作纪律，严重损害了政府机构的形象和公信力，造成了不良的社会影响。根据《劳动法》第二十五条第二项的规定，劳动者严重违反劳动纪律或者用人单位规章制度的，用人单位可以解除劳动合同，故镇政府将陈某清退，甲公司与陈某解除劳动合同并无不当。

陈某提出的其因被行政拘留而未上班，主观上没有不上班的过错，不能认定为旷工的主张，并非连续15日不上班的正当合法理由，一审认定为旷工没有不当。

陈某提出的甲公司不能提供规章制度正本，且规章制度未按法律要求制定和公示，没有法律效力的主张，一审并未将该规章制度作为处理本案的依据，甲公司也未提出上诉，本院予以确认。综上，陈某主张的违法解除劳动关系赔偿金无事实和法律依据。最后，二审法院驳回上诉，维持原判。

大家可以看到，很类似的两个案件，法院作出的却是截然不同的两份判决。有人说，肯定有一个判决是错误的。但笔者认为，这就是劳动争议的特点，裁判结果受各种因素的影响，可变性很大，不好预测，也很难说谁对谁错。针对这个特点，企业、HR最好的应对方式就是尽量消除风险，尽量减少不确定性，增加确定预期。就笔者个人而言，案例一中法院的判决还是有一定道理的。旷工，法律上并没有一个准确的定义，很多企业在规章制度中将其定义为“未请假或者请假未批准的缺勤行为”。旷工的主要违规之处在于“未请假”和“无正当理由未上班”，从严重性上来说，主要规范的是后者，现在很多企业把凡是“未请假或请假未批准行为”都视为旷工，如突然生病住院或者是因突发情况未请假，这是不妥的，也引发了很多争议。未请假或者请假程序不规范只是违反了公司管理规定，不应当把它作为严重违纪，法律考量的重点还应当是未上班是否有正当理由。因此，案例一中法院的判决主要是基于此，认为“齐某未上班系被公安机关限制人身自由，并不属于无故旷工”。但案例二的判决也不无道理，毕竟不上班的理由是劳动者自己的违法行为造成的。

风险提示

这两个判例再次证明了，面对同样的事实，企业选择解除合同的理由很重要，理由选择不合适，很有可能不被裁判机关认可，面临败诉风险。所以，最好的规避方法是不要让公司处于风险之中。

操作指南

面对员工因嫖娼等违法行为被拘留，企业不要一味地以“旷工”为由解除劳动合同。有时候不妨换个思路，比如，员工未上班是否给公司造成了重大损失，如果有的话，企业就可以运用《劳动合同法》第三十九条第三项规定的“严重失职，营私舞弊，给用人单位造成重大损害的”与其解除劳动合同。这样既可以避免陷入是否属于“旷工”的认定问题，还可以规避规章制度方面的瑕疵。

发现员工兼职可否解除劳动合同？

这是前几年笔者参加某地庭审观摩的一个案子：

李某2011年从原公司下岗后，与朋友合伙注册了一个公司，李某为公司股东，由于市场不好，公司一直未实际经营，也没有注销。2012年2月，李某到某机械公司工作，工作内容为销售、发货等。2015年6月，该公司向李某发出解除劳动合同通知，解除劳动合同的理由主要是："1.李某违规在其他公司兼职；2.李某在工作期间发送私人快递，并在公司报销快递费。"李某不服，向劳动仲裁机构提起仲裁，要求公司支付赔偿金。

这是一起因双重劳动关系引发的解除劳动合同纠纷。《劳动合同法》第三十九条第四项规定：劳动者同时与其他用人单位建立劳动关系，对完成本单位的工作任务造成严重影响，或者经用人单位提出，拒不改正的，用人单位可以解除劳动合同。请大家一定注意这里面的限制条件，并不是像有些人想象的那样，只要劳动者在其他单位兼职，用人单位就可以以此为由解除劳动合同。实际上，在目前共享经济大潮下，业余时间的兼职越来越普遍，国家对此也不是一概禁止的，从上述《劳动合同法》的规定就可以看出。只有在劳动者同时与其他用人单位建立劳动关系，同时具有“对完成本单位的工作任务造成严重影响，或者经用人单位提出，拒不改正”两种情形之一，用人单位才能解除劳动合同。“造成严重影响”和“提出”，是用人单位举证的关键。

具体到本案，笔者也不知道最后的裁决结果，但从庭审来看，仲裁员把调查的重点放在了两个解除理由中的第一个理由。实际上，本案中李某只是曾经注册过公司，根本不构成与其他单位建立劳动关系，更别说后面的造成严重影响或经公司提出拒不改正了。所以，仲裁员的调查重点应当是第二个解除理由，即该类行为是不是在规章制度上有规定，能否构成解除劳动合同。

风险提示

还是那句话，企业与员工解除劳动合同，一定要选择合适的理由，选择错了就有风险。

操作指南

对于员工的兼职行为，法律并非一概禁止，企业在处理的时候一定要认真把握。如果对兼职工作比较敏感，最好的办法是知晓相关事实后，立即以书面形式向员工“提出”，毕竟“提出”的举证比“造成严重影响”容易得多。

另外，企业应当在劳动合同中约定或者在规章制度中明确规定禁止“同时与其他用人单位建立劳动关系”，并将此作为“严重违反规章制度”的行为，这样更有利于禁止劳动者的兼职行为。

员工欺诈能否解除劳动合同？

林某于2016年2月到某公司从事司机工作。2016年8月，公司向林某发出《解除劳动合同通知》，其解除合同理由为：“1. 林某提供的无犯罪证明为虚假证明，属于欺骗公司的行为；2. 林某前期触犯法律次数较多，事态严重，为保护公司利益，公司不予留用；3. 如造成负面影响或提出无理要求，给公司造成损失，公司将追究法律责任。”

事件的起因是，林某向公司提供了某公安派出所出具的《无犯罪记录》证明，其中载明林某无犯罪记录。但公司通过其他途径调查得知，林某有过治安处罚记录，故与林某解除劳动合同。林某对此不服，向劳动争议仲裁委员会申请仲裁，认为公司属于违法解除，请求裁决公司支付赔偿金。庭审过程中，公司没有提出任何证据证明林某的犯罪记录为虚假证明，也没有提供林某违法犯罪的记录。最终，仲裁委员会支持了林某的请求。

这个案子中，虽然用人单位是因为证据问题输了官司，但也引发了一个问题：假如用人单位有证据证明林某提供了虚假的无犯罪记录证明呢？林某是不是构成欺诈？用人单位可否解除劳动合同？很多人认为可以。记得几年前，有人在HR群里抛出一个问题：企业可不可以以怀孕为由与某员工解除劳动合同？大家纷纷表示不可以，并给予强烈谴责。突然有一个人提出，假如该员工在入职的时候隐瞒了怀孕的事实，后来被公司发现怀孕，公司能否以欺诈为由解除劳动合同？这时，有的HR开始犹豫了：这属于欺诈啊，可以解除。

其实，这可以归结为一个问题：是不是只要劳动者欺诈，用人单位就可以解除劳动合同？让我们仔细分析一下。

根据《劳动合同法》第二十六条第一款第一项的规定，以欺诈、胁迫的手段或者乘人之危，使对方在违背真实意思的情况下订立或者变更劳动合同的，劳动合同无效或者部分无效。从这条规定来看，只有以欺诈手段，使对方在违背真实意思的情况下订立或者变更劳动合同才属于劳动合同无效，用人单位可以解除。换句话说，只有欺诈还不行，还需要欺诈与订立或者变更劳动合同之间有某种关联。

那么这个关联的点在哪呢？我们继续看法律规定。根据《劳动合同法》第八条的规定，用人单位有权了解劳动者与劳动合同直接相关的基本情况，劳动者应当如实说明。《山东省劳动合同条例》规定得更明确，第十条第一款规定："用人单位有权了解劳动者与劳动合同直接相关的健康状况、工作经历、知识技能等基本情况，核对劳动者的居民身份证、居住证等相关证件，劳动者应当如实说明或者提供。"从这些规定来看，是否构成欺诈，要结合劳动者有没有如实告知义务来判断：如果有，劳动者没有如实说明就构成欺诈；如果没有，劳动者就不应当构成欺诈。我们再回过头来看，用人单位有权了解林某是否有违法犯罪记录吗？没有，这不属于与劳动合同直接相关的基本情况，且不说林某只是被治安管理处罚过，即便是曾经有刑事犯罪，也不应受到就业歧视；用人单位有权了解一个员工是否怀孕吗？也没有，这属于员工的隐私权，劳动者也没有如实陈述的义务。所以，结论就是，即便劳动者欺诈，只要劳动者没有如实陈述的义务，用人单位就不能解除劳动合同。

风险提示

并不是劳动者不如实陈述的所有情形企业都能解除劳动合同，还要看劳动者是否有告知义务。企业贸然解除，风险很大。

操作指南

用人单位以欺诈为由与劳动者解除劳动合同需要满足三个条件：一是劳动者有欺诈行为；二是用人单位违背真实意思与劳动者订立或变更劳动合同；三是欺诈行为与订立或变更劳动合同之间有因果关系，这个因果关系主要是看“劳动者有没有如实陈述义务”。如果是与劳动合同不相关的事项，即使劳动者没有如实陈述，用人单位也最好不要单方解除劳动合同。

以“严重失职”为由解除劳动合同应职责明确

于某1994年进入甲公司工作，自2007年开始在甲公司食堂从事管理工作同时兼职会计。2013年12月，于某与甲公司签订了无固定期限劳动合同。于某在甲公司的主要职责为会计凭证的填写，账目的制作保管，从公司领钱和对外付款等。2014年6月，公司财务人员在检查食堂账目时发现，公司2013年7月之前的收款凭证和付款凭证全部丢失。发现凭证丢失后，甲公司及时报警。警方对于某等责任人员进行了调查，但没有给出明确结论。于某在警方的调查笔录中称：“我将每年的会计凭证整理好之后装在纸箱里，封好后放在公司食堂仓库的内架子上。后来等公司检查时就找不到了，我问林某（食堂班长，负责食堂采购）仓库里的凭证箱怎么不见了，林某说，好像是去年销毁菜票时一块销毁了。”林某在笔录中称：“2013年11月左右，我们收拾仓库时，不小心将装有报废饭票的箱子和装有采购财务凭证的箱子一起让收垃圾的人收走了。”

同时，公司委托会计师事务所对公司食堂资金的收支情况进行了专项审计，该会计师事务所出具的《鉴定报告》指出下列问题：“1. 未按规定保管会计资料，违反《会计法》关于会计资料保管的相关规定，贵公司食堂2013年8月前的付款原始凭证全部缺失……建议贵公司加强会计资料的保管管理，避免今后发生类似事件。2. 根据贵公司食堂现金日记账以及贵公司的食堂日成本表，贵公司于 2008 年 1 月至 2013 年 12 月，食堂日记账采购支出 6284370.67 元，日成本表合计成本 6034738.75 元，采购支出超出成本合计 249631.92 元……”

甲公司于 2014 年 7 月 11 日向于某发出解除劳动合同通知，内容为：“于某在工作中因管理不善，导致食堂凭证丢失，给公司造成严重损失。根据《劳动合同法》和公司规章制度等相关规定，公司决定：即日起解除公司与你的劳动合同。”于某对此不服，于 2014 年 9 月到劳动仲裁机构提起仲裁，要求公司支付违法解除劳动合同赔偿金等。

仲裁委员会认定甲公司与于某解除劳动合同合法有据，最终驳回了于某的仲裁请求。

《劳动合同法》第三十九条规定了六种用人单位可以解除劳动合同的情形，但一般 HR 比较熟悉、比较常用的是“严重违反用人单位的规章制度”，以至于有人——甚至是有些律师误认为解除劳动合同都需要用人单位规章制度有规定。事实上，除了依照规章制度，用人单位还可以依照法律规定与劳动者解除劳动合同，只不过也需要严格的条件。本案中用人单位即依照《劳动合同法》第三十九条第三项的“严重失职，营私舞弊，给用人单位造成重大损害的”解除合同，这种情况下不需要企业规章制度规定。但是，依照该项解除劳动合同依然需要严格的条件：首先，严重失职的前提是“员工必须具有相应的职责”。事实上，本案中于某是否具有保管会计凭证的职责成为双方争议的焦点和左右案件结果的关键因素。公司的失误之处在于没有一份明确于某的岗位职责说明，但好在公司在事件发生后及时报了警，在警方对于某的调查笔录中保留了于某对其职责的陈述等内容。其次，需要有严重失职的行为和过错。对于失职的行为，一定要有证据证明，这点跟严重违纪的要求是一样的。至于过错，则是根据职责和行为结果推定的。最后，还要给用人单位造成重大损害。何谓重大损害？像案例中公司委托会计师事务所进行了审计评估，虽然这些未必是于某造成的损失（因果关系也需要证明），但至少可以证明因为于某的失职，导致公司巨额账目无法查清。至于多大损失属于重大损失，则由裁判人员根据案件具体情况来综合认定。

风险提示

如果没有明确职工的岗位职责，企业就很难用“严重失职，营私舞弊，给用人单位造成重大损害的”与职工解除劳动合同。

操作指南

通过案例可以看出，明确、清晰规定职工的岗位职责多么重要，否则当职工因严重失职给公司造成重大损失时，公司将“寸步难行”。在此也提醒公司：一定要对每名员工，尤其是重点岗位的员工以书面形式明确岗位职责！另外，对于职工的失职行为和造成的损失一定要及时固定证据。

解除患病职工劳动合同的“正确姿势”

2016年8月，“甘肃高校女教师患癌被开除”一事，引发广泛的社会关注。

刘某某，1984年出生，2012年硕士毕业后到兰州某大学某学院工作，担任英语老师。2014年6月1日，刘某某突然感觉腰部剧烈疼痛。当晚，父亲就带着她去了甘肃省第二人民医院，医生说需要进一步检查。为了不耽误工作，刘某某于7月23日才住院接受治疗，被诊断为卵巢癌。2015年1月19日，兰州某大学某学院作出《关于开除刘某某等同志的决定》，以连续旷工为由，解除与刘某某的劳动关系。2015年3月29日，刘某某向甘肃省榆中县劳动人事争议仲裁委员会申请仲裁。2015年4月17日，因证据不足，该委员会做出对刘某某的仲裁请求不予受理的决定。2015年5月，刘某某向学校所在地的榆中县基层人民法院起诉。2015年10月20日，榆中县基层人民法院作出判决，被告兰州某大学某学院于2015年1月19日作出的《关于开除刘某某等同志的决定》无效，双方恢复劳动关系。至于刘某某要求支付治疗期间的病休工资等福利待遇，因其未提供相关计算标准，该院判决不予支持。兰州某大学某学院不服一审判决，向兰州市中级人民法院提出上诉。兰州市中级人民法院二审判决维持原判。2016年8月14日8时许，刘某某因为癌症并发心脏病去世。经媒体报道，事件引发广泛关注。2016年8月22日，兰州某大学某学院在官网刊发道歉信，向刘某某老师的家人道歉。校方与刘某某老师家属对补偿问题具体商谈，双方达成和解，并现场签署了《和解协议书》。《和解协议书》中包括兰州某大学某学院向刘某某家属支付工资57600元，丧葬抚恤金14400元；补偿所有医疗费40万元、亲属救助金6万元、抚慰金4万元。（根据媒体报道整理）

时至今日，逝者已矣。一封迟来的道歉信、一笔迟到的赔偿金，或许能稍稍慰藉家属，但对于我们来说，更应该反思的是如何避免类似悲剧重演，或者至少减轻当事人的伤痛。必须指出的是，并不是职工患病了就不能解除合同，企业就要负担一辈子。不明就里的人往往将悲剧归责于用人单位解除劳动合同，但实际上对患病职工，劳动合同也是可以解除的，只不过要遵守“正确姿势”。如果企业完全按照程序来处理，在法律上将不会受到指责。用人单位兰州某大学在这件事情的处理上，一错再错，最终也付出了惨痛的代价。概括说来，用人单位有“七宗罪”。

第一宗罪是不给“医疗期”。医疗期是个法律概念，是企业职工因患病或非因工负伤停止工作治病休息不得解除劳动合同的时限。很多人把它跟治疗期、病假期混淆，事实上后两者都不是法律概念。简单地说，职工患病可以无限期治疗，无限期请病假，只要遵守请假程序并经用人单位同意，法律对此不会有限制；而医疗期的意义一方面在于保护职工在该期间不被解雇，另一方面也是保护企业，使企业在医疗期满后可以行使解除权。医疗期是个固定期限，只与工作年限相关，一般在3个月到24个月之间，对某些患特殊疾病（如癌症、精神病、瘫痪等）的职工，在24个月内尚不能痊愈的，经企业和劳动主管部门批准，可以适当延长。

医疗期情况表

总工作年限	本单位工作年限	医疗期	计算周期	备 注
10年以下	5年以下	3个月	6个月	原劳动和社会保障部《企业职工患病或非因工负伤医疗期规定》第三条、第四条
	5年以上	6个月	12个月	
10年以上	5年以下	6个月	12个月	
	5年以上10年以下	9个月	15个月	
	10年以上15年以下	12个月	18个月	
	15年以上20年以下	18个月	24个月	
	20年以上	24个月	30个月	

第二宗罪是不给补偿。企业职工医疗期满，职工仍然不能工作的，用人单位确实可以解除劳动合同（《劳动合同法》第四十条第一项：劳动者患病或者非因工负伤，在规定的医疗期满后不能从事原工作，也不能从事由用人单位另行安排的工作的），但是要按规定给予经济补偿。经济补偿金标准为解除劳动合同前十二个月平均工资乘以工作年限。同时，根据相关规定，劳动者经劳动能力鉴定委员会确认丧失或者部分丧失劳动能力的，用人单位还应当给予劳动者不低于本人6个月工资的医疗补助费，患重病或者绝症的还应当增加医疗补助费。患重病的，增加部分不低于医疗补助费的50%，患绝症的，增加部分不低于医疗补助费的100%。

第三宗罪是不给病假工资。病假期间不同于用人单位放假，有单独的病假工资支付标准。根据山东省的规定，病假期间在6个月之内的，按照其本人工资的70%支付工资；超过6个月的，支付本人工资60%的疾病救济费。同时，病假工资或疾病救济费不得低于最低工资的80%（《山东省企业工资支付规定》第二十六条）。还有个误区，有人认为病假工资给到医疗期满就行了，实际上即使医疗期满，只要用人单位没有行使合同解除权，员工仍在请病假的，仍然要按规定支付病假工资。

第四宗罪是以违纪解除劳动合同。解除患病职工的劳动合同，必须相当慎重。目前，一些用人单位动辄以病假手续不合格为由按照旷工与患病职工解除劳动合同，这是非常危险的。从目前的判例来看，只要职工请假了，哪怕是口头请假，一般情况下也不会被认定为旷工。

第五宗罪是未承担社会责任。即使以上错误全都避免了，用人单位完全依法解除合同，还存在一个社会责任的问题。企业的社会责任，指的是企业在维护股东利益的同时，还要兼顾公司员工、客户、债权人等其他主体的利益。尤其是在这个事件中，用人单位还是本身就承担教书育人功能的高校，将患病职工像“卸包袱”一样扫地出门不仅于法不合，而且在道义上也说不过去。

第六宗罪是不履行法院生效判决。在二审法院判决生效之后，仍然拒不履行判决，藐视法律权威，最终酿成大错。

第七宗罪是工作人员处置不当。无论是人事处长称“不要给我哭，我见这样的事情挺多的”，还是漏洞百出的解除劳动合同通知，都显示出用人单位在处理这一事件上的业余。事实上，用人单位工作人员处置不当（如言语不当、文书漏洞）正是劳动争议发生并造成损失的一个重要原因。这也是为什么笔者说不要过分依赖律师，企业还是要重视自身工作人员能力的提高，律师可以帮你灭火，但防火还要靠自己。

风险提示

案例中的事件带给用人单位的思考是沉痛的，不管是企业还是事业单位，对待员工最基本的底线是要遵守劳动法律法规，而不是公然挑战劳动法——在劳动者患病期间医疗期未满就解除劳动合同，这无异于在伤者的伤口上撒了一把盐，让公众难以理解和接受，引发舆论铺天盖地地谴责。最终，用人单位付出了巨大的经济代价以及名誉损失。

操作指南

1. 用人单位处理相对弱势的劳动者，如孕产期、医疗期或受工伤等情况下的劳动者，一定要慎之又慎，能用协商等柔性化方式处理的就不要单方解除；即使单方解除也要严格依法依规进行。

2. 处理过程除了严格依法之外，还要有人情味，让劳动者感受到温暖和被尊重。

3. 面对负面舆情，要及时应对，不要回避，该道歉就道歉，该赔偿就赔偿，争取获得劳动者和社会公众的谅解。

公司重大事项变更应提前与职工沟通

甲汽车模具有限公司由日本A株式会社与B株式会社于2005年6月合资成立。2015年10月，因市场竞争激烈，日本投资方拟退出，决定将其股权全部转让给法国C公司。2016年5月，在甲公司工会向职工披露了股东变更计划后，由于担心更换投资人之后没有保障，公司200多名职工开始停工，要求甲公司立即支付经济补偿金。

这是一起因公司股东变更引发的群体性事件，那么职工有没有权利要求经济补偿金呢？根据《劳动合同法》第四十六条的规定，劳动者要求经济补偿金的前提是劳动合同解除或终止，劳动合同解除或终止之前是不能要求经济补偿金的。同时，《劳动合同法》第三十三条规定，用人单位变更名称、法定代表人、主要负责人或者投资人等事项，不影响劳动合同的履行。案例中，仅公司股东或者投资人的变更，公司主体仍然保持同一性，不影响劳动合同的履行，因此劳动者是不能主张经济补偿金的。那么，公司的做法是不是就没问题呢？也不是，《劳动合同法》第四条第二款规定，用人单位在制定、修改或者决定有关劳动报酬、工作时间、休息休假、劳动安全卫生、保险福利、职工培训、劳动纪律以及劳动定额管理等直接涉及劳动者切身利益的规章制度或者重大事项时，应当经职工代表大会或者全体职工讨论，提出方案和意见，与工会或者职工代表平等协商确定。显然，公司股东、经营层的变更应当属于直接涉及劳动者切身利益的重大事项，按照上述规定，必须经过法定程序，即经职工代表大会或者全体职工讨论，提出方案和意见，与工会或者职工代表平等协商确定，同时还要征求工会意见和向全体职工公示。正是由于缺少上述沟通、协商、公示等程序，最终引发了群体性事件。

人社部门介入后，要求公司管理者立即与即将接手的法国投资方联系，由法国投资方书面做出三点承诺：1. 职工原劳动合同继续履行，合同所有条款不变；2. 职工原工作年限继续带入新公司；3. 职工工资待遇原则上不降低。随后，由公司按照《劳动合同法》第四条的规定，重新履行了沟通、协商、公示等法定程序，最终职工全部复工，圆满解决了此次群体性事件。

风险提示

实践中，企业法定代表人、主要负责人或者投资人等事项变动很常见，企业操作不慎，极易引发职工恐慌，甚至造成停工等群体性事件。

操作指南

为了避免风险，建议企业管理者一定要提前考虑好职工利益，事先与职工做好沟通协商。在企业投资人变动的情况下，如果想继续留用全部职工，要提前向全体职工明确“职工原劳动合同继续履行，合同所有条款不变，工作年限继续带入新公司，工资待遇原则上不降低”等内容，这样才能避免不稳定因素的发生。很多公司想趁公司变动的机会处理掉一些不听话或者不合适的职工，笔者个人不建议这么做，毕竟在公司变动的敏感时期，任何风吹草动都有可能被别有用心的人利用，从而引发不可收拾的局面。

“客观情况发生重大变化”不可滥用

2010年1月，王某入职A公司担任销售一部主管，双方签订了2010年1月至2015年1月的劳动合同。2014年3月，A公司因组织机构变更，将原销售一部撤销，同时给予王某3个选择：1.参与公司其他岗位竞聘；2.降为普通销售人员；3.解除劳动合同。在规定期限内，王某未做选择，仍每天到原岗位上班。2014年6月，A公司向王某发出《解除劳动合同通知书》，内容为“因公司组织机构变更，你所在部门被撤销，经与你协商未能就变更岗位达成一致，现公司正式通知与你解除劳动合同，请于接到本通知之日起30日内到公司办理解除劳动合同手续”。2014年8月，王某向劳动争议仲裁委员会提出仲裁申请，要求A公司支付工资、违法解除劳动合同赔偿金、未休年休假工资、加班费等共计20余万元。

《劳动合同法》第四十条第三项规定，劳动合同订立时所依据的客观情况发生重大变化，致使劳动合同无法履行，经用人单位与劳动者协商，未能就变更劳动合同内容达成协议的，用人单位提前三十日以书面形式通知劳动者本人或者额外支付劳动者一个月工资后，可以解除劳动合同。关于这项规定容易引发争议，究竟什么是“客观情况发生重大变化”？部门被撤销算不算“客观情况发生重大变化”？

案例中，A 公司主张因公司组织结构发生变化，导致王某的岗位被撤销，因此属于订立劳动合同时的客观情况发生重大变化。A 公司的主张能否成立呢？从法律条文来看，强调的是订立时所依据的客观情况发生重大变化，所谓“客观情况”，不应当是纯粹用人单位主观上决定的事项。比如，企业搬迁、被兼并和企业资产转移，或者因不可抗力导致合同无法履行，这些一般属于“客观情况发生重大变化”；而如果是用人单位根据自身经营状况作出的组织架构调整、部门合并、岗位撤销等情形，一般情况下属于用人单位的主观调整，应不属于“客观情况发生重大变化”。

风险提示

如果企业滥用“客观情况发生重大变化”，以自身主观决定的组织变更为由与职工解除劳动合同，易被认定为违法解除。

操作指南

对公司来说，部门撤销，势必要对员工进行处理，或分流，或解除，要给员工提供多种选择，对于无法分流转岗的再考虑解除劳动合同。解除劳动合同是一个决定，决定作出后最重要的就是要选择法律上合适的理由来实施。解除的时候一定要慎重，提前做好预案，为了稳妥起见、减少风险，不妨先采取逐一协商的方式，协商的时候可以适当提高经济补偿标准，最好能和平解决。实在协商不成的，再考虑用“客观情况发生重大变化”解除。

利用这条解除劳动合同，有几个要点：

1. 需要有证据证明劳动合同订立时所依据的客观情况发生了重大变化。

2. 该客观情况变化导致了劳动合同无法继续履行。

3. 公司与员工就变更劳动合同进行了协商且无法达成一致。尤其是要注意协商这一步，协商是必经程序，缺少协商程序也可能导致违法解除，实践中很多公司就是因为缺少协商导致最终输掉了官司。

另外，协商变更劳动合同还应当具有合理性，即与原岗位职务、薪资水平相适应，不能明显不合理，如原来的销售主管，公司让他去打扫卫生，这样的协商变更就明显不合理，也很可能不被仲裁机构、法院认可。

公司搬迁应合理考虑职工利益

李某等12人系甲市某造纸厂职工，与公司签订的劳动合同均至2017年5月31日到期，合同约定工作地点为甲市A区。2017年年初，公司决定将于下半年搬迁至甲市B区，遂于2017年4月20日向李某等12人发出书面通知，内容为："公司将于2017年下半年搬迁至B区，公司与您签订的劳动合同将于2017年5月31日到期，届时公司将与您续签劳动合同。为了保证公司生产的正常运行和员工的合法权益，按照《劳动合同法》的规定，请您于2017年5月17日前就个人是否续签劳动合同，以书面形式报公司综合部。愿意续签劳动合同者，写明本人愿意续签劳动合同并署名即可。不愿意续签者，写不续签劳动合同，可注明原因和希望离厂时间并署名。"李某等12人于2017年5月17日书面回复公司，内容为："由于公司工作地点变更，导致劳动合同履行条件发生重大变更，考虑到本人居住在A区，不能随公司到新的厂址继续工作，因此不同意续签劳动合同，并希望公司依法支付经济补偿金和相关待遇。"自2017年6月1日开始，李某等12人未再到公司上班，此后双方按规定办理了终止劳动合同的相关手续。此后，李某等12人到劳动仲裁委员会提起仲裁，要求公司支付终止劳动合同经济补偿金。

通过庭审调查发现，公司由A区搬至B区，两地相距仅15公里，且在决定搬迁之后公司采取了一系列措施并向全体员工公示，如将下班时间提前半小时、提供班车等。据此，仲裁委员会认定，公司的搬迁并未降低劳动条件，因此职工不续签劳动合同不能主张经济补偿金。

工作地点变更导致劳动合同终止，是否需要支付经济补偿金？首先，我们来看关于终止劳动合同的规定。《劳动合同法》第四十六条第五项规定，除用人单位维持或者提高劳动合同约定条件续订劳动合同，劳动者不同意续订的情形外，依照本法第四十四条第一项规定终止固定期限劳动合同的，用人单位应当向劳动者支付经济补偿。因此，案例中的焦点问题就在于公司变更工作地点（由甲市 A 区搬迁至甲市 B 区）是否属于用人单位维持或者提高劳动合同约定条件，如果属于，则劳动者不续签劳动合同，用人单位不应支付经济补偿金；反之，则应支付经济补偿金。对此，不能一概而论。广东省高级人民法院的审判意见认为："企业因自身发展规划进行的搬迁，属于劳动合同订立时所依据的客观情况发生重大变化，用人单位应与劳动者协商变更劳动合同内容。未能就变更劳动合同内容达成协议，劳动者要求解除劳动合同及用人单位支付解除劳动合同经济补偿金的，予以支持。但如企业搬迁未对劳动者造成明显的影响，且用人单位采取了合理的弥补措施（如提供班车、交通补贴等），劳动者解除劳动合同理由不充分的，用人单位无须支付解除劳动合同的经济补偿金"。对于本案，应查明企业是否提供了合理的弥补措施，如果没有，应当支持劳动者要求支付经济补偿金的请求。

风险提示

公司搬迁，一定要合理考虑员工的利益，不能降低员工的劳动条件，给员工造成不便，否则员工可以据此要求解除（终止）劳动合同，并要求经济补偿。

操作指南

公司搬迁，要最大限度地减少对职工造成的影响，可以在发给劳动者的通知或公告中写明，考虑到工作地点变更，公司采取了提供班车、变更上下班时间、增加交通补贴等措施。另外，案例中值得肯定和借鉴的是，企业很有证据意识，相关通知、公示等都采取了书面形式。

裁员只裁一个员工可以吗?

巩某于2006年5月到某公司从事总务工作，双方签订无固定期限劳动合同。2016年5月13日，公司向巩某发出书面解除劳动合同通知，内容为："因本公司连续亏损，生产经营困难，经调整后仍需裁减人员，劳动合同无法继续履行。故请您于2016年5月13日离开本公司，与您终止劳动合同。"巩某签收了该通知，公司将经济补偿金35387元、代通知金3000元，共计38387元打到了巩某的工资卡上。巩某不服，认为公司并非因经营状况不好与自己解除劳动合同，而是新来的领导与自己有意见分歧，据此到劳动仲裁机构提起仲裁，要求公司支付赔偿金。庭审中，巩某提供了与公司新招用接替自己人员的一份谈话录音，证明新招人员的工资比自己还高；另提供了一份用人单位与自己的书面谈话记录，该记录上载明"因工务人员汰换需与巩某解除劳动合同"。公司则提供了2015年利润表，载明该年公司亏损800余万元。

仲裁委员会认定，公司与巩某解除劳动合同属于违法解除，据此裁决被申请人支付申请人违法解除劳动合同赔偿金差额（扣除已经支付的部分）。

首先，我们看一下公司解除劳动合同的理由是否合适。显然，公司想以《劳动合同法》第四十一条第一款第二项的“生产经营发生严重困难的”为由与巩某解除劳动合同。但问题是，这条规定的是经济性裁员的条件。也就是说，用人单位生产经营困难只能进行规模性裁员，而不能与某一个职工解除劳动合同。那如果企业因经营状况发生变化想与某一个职工解除劳动合同就不可以了吗？倒也不是，如果是解除某一个职工的劳动合同，可以适用“情势变更”解除，也就是《劳动合同法》第四十条第三项“劳动合同订立时所依据的客观情况发生重大变化，致使劳动合同无法履行，经用人单位与劳动者协商，未能就变更劳动合同内容达成协议的”。那么这两条的区别在哪里呢？笔者个人理解，第四十条规定的合同订立时所依据的客观情况发生重大变化是指与劳动者直接相关的特殊性变化，如生产线取消、公司搬迁等，当然也包括“客观经济情况”发生重大变化——如果这种变化只影响个体劳动者的话；而第四十一条整体规定的是客观经济情况发生重大变化，并且这种变化是影响群体劳动者。这么说来，这两条的区别就很清晰了，所以不能用客观情况发生重大变化去解除某一个职工的劳动合同。

其次，双方的举证情况也佐证了公司解除劳动合同的真正理由。巩某是个有心人，提供了一份与接替自己工作的人员的谈话录音，证明新招人员的工资比自己还高，侧面说明公司不是为了节省开支与自己解除劳动合同；另一份更有力的证据是，公司一份书面谈话记录上记载“因工务人员汰换需与巩某解除劳动合同”，暴露了公司解除合同的真正原因。公司的错误在于，一方面法律观念欠缺，没有搞清楚法律规定就盲目解除合同，另一方面风险意识不强，把关键证据轻易交给员工。

风险提示

案例再一次证明了企业解除劳动合同要选择合适的理由，理由选择不合适往往会被认定为违法解除，企业要付出额外代价。

操作指南

经济性裁员适用于规模性解除职工劳动合同，适用条件和解除程序非常严格，要解除某个职工的劳动合同，则应适用“客观情况发生重大变化”。

经济性裁员不是这样玩的

甲公司是一家大型股份集团公司，乙公司是甲公司的全资子公司。2015年7月，甲公司下发通知，决定在本公司及所属子公司（包括乙公司）范围内进行经济性裁员，其裁员方案经甲公司职工代表大会通过，并以甲公司名义上报劳动行政部门。在上报的裁员报告中载明，鉴于公司目前亏损2000多万元，导致经营困难，拟裁减114人（后附名单），占职工比例的6%，裁员完成日期为2015年7月30日，对裁减人员的安置意见包括“开放公司所有一般人员岗位及权属公司部分岗位，符合岗位任职条件的离岗人员可以报名，由公司组织公开竞聘或相关单位审核同意直接上岗试用。不能上岗人员采取协商解除发放经济补偿金，办理失业”。李某系乙公司员工，并且在裁员名单中。2015年7月15日，李某在公司下发的岗位安排意见书中选择了“待岗”，并于当月参加了乙公司保安岗位的竞聘，但最终落选。2015年8月至2016年6月，乙公司一直安排李某待岗并按照待岗生活费标准支付工资。2016年7月15日，乙公司向李某邮寄《解除劳动合同通知书》，内容为“因公司经营状况发生变化，经公司研究决定自2016年8月1日起解除与你签订的劳动合同”。李某不服，向劳动仲裁部门提起仲裁，要求公司支付违法解除劳动合同赔偿金。

劳动仲裁委员会在审理后认为，乙公司与李某解除劳动合同属于违法解除，应当向李某支付违法解除劳动合同赔偿金。

现在，问题来了，请问乙公司与李某解除劳动合同有哪些违法之处？

很显然，乙公司想用经济性裁员的方式与李某解除劳动合同，但是在具体执行过程中出现了巨大偏差。《劳动合同法》第四十一条第一款规定："有下列情形之一，需要裁减人员二十人以上或者裁减不足二十人但占企业职工总数百分之十以上的，用人单位提前三十日向工会或者全体职工说明情况，听取工会或者职工的意见后，裁减人员方案经向劳动行政部门报告，可以裁减人员：（一）依照企业破产法规定进行重整的；（二）生产经营发生严重困难的；（三）企业转产、重大技术革新或者经营方式调整，经变更劳动合同后，仍需裁减人员的；（四）其他因劳动合同订立时所依据的客观经济情况发生重大变化，致使劳动合同无法履行的。"从乙公司的具体情况看，大体上也符合裁员的条件，该走的程序也基本走了，那到底哪儿出了问题呢？

1. 裁员不应以集团公司名义统一进行。乙公司作为一个独立法人，应当根据自己的情况决定是否裁员，并以自己的名义上报劳动行政部门。甲公司作为母公司亏损，不一定证明作为子公司的乙公司亏损，乙公司的裁员意见也不应由母公司的职工代表大会通过。这是一个重大失误。

2. 裁员不应混合竞聘上岗、协商解除等。裁员是《劳动合同法》规定的一种单方解除情形，协商解除是双方协商一致情况下的解除，竞聘上岗则无任何法律依据，三者性质截然不同。应该说，公司符合裁员条件就可以裁员，协商一致解除也可以，但混合一个不伦不类的竞聘上岗则是败笔，很容易被认定为违法解除。

3. 裁员也是有时效的。在甲公司上报的裁员意见中明确载明了裁员的完成时限是2015年7月30日，但是乙公司没有按期与李某解除劳动合同，而是安排李某待岗一年之后再通知与其解除劳动合同，这时早已时过境迁，师出无名矣。

综合分析，乙公司在解除与李某的劳动合同操作上有重大过失。

风险提示

在目前经济下行压力下，很多企业都在用裁员的方式度过寒冬。但在实际运用中，经济性裁员往往面临着一定的风险，比如：较易引发集体争议，员工可能采取非法律手段维权；可能承担违法解除的法律风险；容易引发新闻媒体关注，造成负面影响等。

操作指南

1. 经济性裁员的主要原因是用人单位自身的经营状况不善，而不是劳动者原因，不能用来解除与某一个劳动者的劳动合同。

2. 经济性裁员要遵守一定的条件和程序，具体见《劳动合同法》第四十一条的规定。

3. 正式公布的裁减人员方案应及时实施。

4. 裁员的实施应当以本公司名义实施，而不能以母公司、集团公司的名义实施。

5. 建议企业多采用一些更灵活的方式，如协商解除、情势变更解除与经济性裁员相结合，以达到裁员目的。

自动离职≠合同自动解除

王某于2011年4月到某公司从事焊工工作，与公司签订了五年的劳动合同。2014年3月，公司因生产经营遇到困难，开始给部分职工放假，王某在放假之列。2014年8月5日，公司通知王某回公司上班，王某回公司之后发现公司只是安排打扫卫生、清洁设备等预备性工作，并没有正式开工，于是未经请假就再未到公司工作。公司认为王某已经自动离职了，就未做任何处理，只是停缴了王某的社保。2016年3月，王某提起劳动仲裁，要求公司支付其待岗期间（2014年8月至2016年3月）的生活费、解除劳动合同经济补偿金等。

仲裁委员会审理后认为，本案中双方都没有向对方提出解除劳动合同，因此认定双方劳动合同仍然存续，驳回了王某要求支付经济补偿金的请求。因之前公司发出过放假通知，王某也认为自己一直在放假，因此裁决公司支付王某2014年8月至2016年3月期间的待岗生活费。

自动离职是计划经济时代的一个概念，是职工擅自离开工作岗位不辞而别的行为，在《劳动合同法》实施后已经不适用了。一般认为，解除劳动合同是需要通知的，员工自动离职本身不构成解除劳动合同。也就是说，企业在面临类似王某这样没做任何通知、说明就不来上班的情况时，一定不能置之不理，正确的做法是及时书面通知王某上班，王某仍然不上班的，公司可以按照旷工书面通知其解除劳动合同，然后办理解除劳动合同、停保、转移档案等手续。如果不做任何处理，将给公司带来极大的法律风险。

风险提示

按照《劳动合同法》的规定，是否解除劳动合同，以书面通知为准。针对不上班职工，企业切不可置之不理，否则合同不能自动解除，企业仍要负担生活费、社会保险费等。

操作指南

《最高人民法院关于审理劳动争议案件适用法律若干问题的解释》（法释〔2001〕14 号）第十三条规定："因用人单位作出的开除、除名、辞退、解除劳动合同、减少劳动报酬、计算劳动者工作年限等决定而发生的劳动争议，用人单位负举证责任。"根据该规定，解除劳动合同的举证责任在用人单位。因此，如果劳动者未通知用人单位就不来上班，企业一定要及时按照严重违纪书面通知劳动者解除劳动合同，直接送达有困难的，可以通过邮寄送达或报纸公告送达。

劳务派遣员工被退回能辞退吗？

2015 年 5 月，李某入职某人力资源公司，双方签订了 3 年期的劳动合同，其中约定将李某派遣至甲公司从事操作工工作。2016 年 7 月，甲公司因经营困难宣布破产，7 月 13 日将李某退回人力资源公司。同日，人力资源公司以客观情况发生重大变化为由，通知李某与其解除劳动合同。李某对此不服，认为虽然甲公司破产倒闭，但人力资源公司可以将其派到其他公司，而不应与自己解除劳动合同。李某遂于 2016 年 9 月向劳动仲裁部门申请仲裁，请求人力资源公司支付违法解除劳动合同赔偿金。

仲裁委员会审理后认为，用工单位宣告破产，符合《劳务派遣暂行规定》第十二条规定的情形，应当将李某退回劳务派遣单位，但劳务派遣单位不能据此与李某解除劳动合同，而应当继续派遣，在李某无工作期间应当按照不低于所在地人民政府规定的最低工资标准，向李某按月支付报酬。综上，仲裁委员会支持了李某要求支付赔偿金的请求。

关于劳务派遣员工退回后的处置，根据不同情况有不同处理方式。

第一种：退回后可以解除劳动合同。

《劳动合同法》第六十五条第二款规定："被派遣劳动者有本法第三十九条和第四十条第一项、第二项规定情形的，用工单位可以将劳动者退回劳务派遣单位，劳务派遣单位依照本法有关规定，可以与劳动者解除劳动合同。"

具体情形：1. 在试用期间被证明不符合录用条件的；2. 严重违反用人单位的规章制度的；3. 严重失职，营私舞弊，给用人单位造成重大损害的；4. 劳动者同时与其他用人单位建立劳动关系，对完成本单位的工作任务造成严重影响，或者经用人单位提出，拒不改正的；5. 以欺诈、胁迫的手段或者乘人之危，使用人单位在违背真实意思的情况下订立或者变更劳动合同，致使劳动合同无效的；6. 被依法追究刑事责任的；7. 患病或者非因工负伤，在规定的医疗期满后不能从事原工作，也不能从事由用人单位另行安排的工作的；8. 不能胜任工作，经过培训或者调整工作岗位，仍不能胜任工作的。

特别注意，其中第 7 种、第 8 种情形解除劳动合同需要支付经济补偿金。

第二种：退回后不能解除劳动合同。

《劳务派遣暂行规定》第十二条第一款规定："有下列情形之一的，用工单位可以将被派遣劳动者退回劳务派遣单位：（一）用工单位有劳动合同法第四十条第三项、第四十一条规定情形的；（二）用工单位被依法宣告破产、吊销营业执照、责令关闭、撤销、决定提前解散或者经营期限届满不再继续经营的；（三）劳务派遣协议期满终止的。"

具体情形：1. 劳动合同订立时所依据的客观情况发生重大变化，致使劳动合同无法履行，经用人单位与劳动者协商，未能就变更劳动合同内容达成协议的；2. 经济性裁员的；3. 用工单位被依法宣告破产、吊销营业执照、责令关闭、撤销、决定提前解散或者经营期限届满不再继续经营的；4. 劳务派遣协议期满终止的。

退回后的处理：被派遣劳动者退回后在无工作期间，劳务派遣单位应当按照不低于所在地人民政府规定的最低工资标准，向其按月支付报酬。

风险提示

在劳务派遣用工模式下，用工单位与劳动者之间并不存在劳动关系，因此在发生可以解除劳动合同的情形时，只能将劳动者退回用人单位。用人单位根据具体情况决定是否解除劳动合同。《劳务派遣暂行规定》第二十四条规定："用工单位违反本规定退回被派遣劳动者的，按照劳动合同法第九十二条第二款规定执行。"《劳动合同法》第九十二条第二款规定："……用工单位给被派遣劳动者造成损害的，劳务派遣单位与用工单位承担连带赔偿责任。"因此，如果退回劳务派遣人员违法，用工单位要与用人单位承担连带责任。

操作指南

1. 对劳务派遣的用工单位来说，不能直接与劳务派遣人员解除劳动合同。

2. 对劳务派遣单位来说，是否可以与被退回的劳动者解除劳动合同，要视情况而定。

3. 如果退回劳务派遣人员违法，劳务派遣单位与用工单位要承担连带赔偿责任。

解除劳动合同应履行通知义务

张某于2004年7月25日进入某公司工作，公司一直未为张某缴纳社会保险。2014年3月24日张某离职，离职时未办理相关离职手续。张某工作期间与公司签订了书面劳动合同，合同中载明了双方的住址、联系方式，并约定“上述地址和邮箱作为甲方送达乙方法律文书的唯一方式，如有变更乙方有义务在5天内通知甲方，否则视为甲方已送达”。公司于2014年3月28日通过中国邮政速递物流向张某邮寄送达了一份《限期回公司通知书》，内容为“因你擅自离开工作岗位，现通知你于3日内到公司上班，否则由此造成的一切责任后果由你个人承担”。在该通知书的投递回执单中显示“妥投，本人签收”。2014年4月15日，公司按照劳动合同上约定的地址，通过中国邮政速递物流向张某邮寄送达了《解除劳动合同通知书》，内容为“因你自动离职已达15天，已严重影响公司的正常工作，严重违反了公司的规章制度，根据《劳动合同法》第三十九条的相关规定，现通知与你解除劳动合同，请你于5日内到公司办理相关手续”。在该通知书的邮寄回执单中显示“妥投，他人签收”。2014年11月21日，张某以公司未依法为其缴纳社会保险费为由提出仲裁申请，请求：1.解除申请人与被申请人之间的劳动合同；2.被申请人支付解除合同的经济补偿金。

张某于 2014 年 3 月 24 日在没有证据证明履行请假或者告知公司要与其解除劳动合同的情况下，离开工作岗位。公司在张某离开工作岗位后先后两次通过中国邮政速递物流向其邮寄送达了《限期回公司通知书》和《解除劳动合同通知书》，且两份通知书均已妥善送达。在《解除劳动合同通知书》中明确因张某自动离职、严重影响公司工作、双方解除劳动合同的意思表示，张某在收到《解除劳动合同通知书》数月后才提出劳动争议仲裁申请，因此，对张某要求确认其因公司未依法缴纳社会保险费而离职、双方劳动合同解除的仲裁请求，依据不足。《劳动合同法》第三十八条第一款第三项规定，因用人单位未依法为劳动者缴纳社会保险费的，劳动者可以解除劳动合同。这是法律对于用人单位不依法及时足额缴纳社会保险费侵犯劳动者合法权益时，赋予劳动者的合同解除权。但是这里的合同解除权与自动离职是有本质区别的。自动离职是指职工终止劳动关系时不履行解除手续，擅自离岗或者解除手续没有办理完毕而离开单位。张某应当在离职时通知公司因其未依法缴纳社会保险费而与其解除劳动合同，并要求公司支付经济补偿金。案例中，张某没有行使自己的劳动合同解除权。公司作为用人单位，在张某离职后按照《劳动合同法》第三十九条、第五十条的规定与张某解除劳动合同，并按照程序送达了《限期回公司通知书》和《解除劳动合同通知书》。因此，综合考量庭审和调查情况，申请人与被申请人解除劳动合同的事实不符合《劳动合同法》第四十六条规定的用人单位应当支付经济补偿的情形。对于申请人请求被申请人支付其解除劳动关系经济补偿金的请求，仲裁委员会不予支持。

风险提示

解除劳动合同的意思表示，一定要送达对方才能发生解除的效力，否则不发生解除的法律效果。

操作指南

企业在劳动者违法的情况下应当及时通知其解除劳动合同，直接送达无法送达的，可以通过邮寄、报纸公告等方式送达。

解除劳动合同的通知一定要及时

张某于2004年7月25日进入某公司工作，公司一直未为张某缴纳社会保险费。2014年3月24日，张某在工作中与同事李某发生争吵，继而撕打，后被同事拉开。3月26日，公司对两人作出处理决定，要求张某和李某停职反省，等待公司处理决定。至4月10日，公司仍未作出处理决定。2014年4月11日，张某通过特快专递向公司发出一份解除劳动合同通知，内容为“因公司一直未为我缴纳社会保险费，根据《劳动合同法》第三十八条之规定，现正式通知与公司解除劳动合同”。公司于4月12日接到通知后，于当日向李某发出《解除劳动合同通知》，内容为“因你与同事在工作时间打架，严重违反我公司规章制度，现通知与你解除劳动合同”。2014年5月21日，张某向劳动争议仲裁委员会提出仲裁申请，要求公司支付解除合同的经济补偿金。

《劳动合同法》第三十八条第一款第三项规定，因用人单位未依法为劳动者缴纳社会保险费的，劳动者可以解除劳动合同。张某因公司未为其缴纳社会保险费，而于2014年4月11日向公司提出解除劳动合同，符合《劳动合同法》第四十六条用人单位应当支付经济补偿的情形，故被申请人需要支付经济补偿金。至于公司

4 月 12 日向张某提出解除劳动合同，对于一个已经解除的劳动合同，已经没有任何法律意义。

风险提示

兵贵神速，企业与员工解除劳动合同一定要及时通知对方，尤其是在自身也有违法情形的情况下，如果让对方抢先解除就被动了。

操作指南

前述案例就是一个典型例子，若用人单位先通知解除就是因职工严重违纪解除劳动合同，无须支付经济补偿金；而劳动者先通知解除，就变成了因用人单位违法劳动者提出解除，用人单位需要支付经济补偿金。这中间的差别，动辄数以万元计，小小一纸通知的“代价”够大吧？

解除劳动合同应书面通知

仲裁员：被申请人，你是什么时间、因什么原因与申请人解除劳动合同的？

被申请人：2015 年 6 月，因申请人连续旷工一个月，我公司与申请人解除劳动合同。

仲裁员：是否通知申请人？

被申请人：通知了。

仲裁员：用什么方式通知的？

被申请人：2015 年 5 月，因为公司没活，就给职工放假了。6 月之后，我们多次给申请人打电话，要求他回来上班，但申请人拒不回来上班。7 月初，我们电话通知申请人与其解除劳动合同。

仲裁员：有没有书面通知？

被申请人：没有。

仲裁员： 被申请人是否有证据提供？

被申请人： 没有。

仲裁员： 申请人，是否接到过被申请人的解除劳动合同通知？

申请人： 从来没有接到过。2015 年 5 月，因为公司没活，通知我们放假，之后我们就没接到过公司要求上班的通知，并且公司也没有发放放假期间的生活费。

仲裁员： 申请人，你是否提出过解除劳动合同？

申请人： 提出了，2015 年 7 月 10 日，因为公司拖欠两个月的生活费，我通过特快专递向公司发出解除劳动合同通知书。

仲裁员： 是否有证据？

申请人： 有，提交 2015 年 7 月 10 日我向公司发出的特快专递回执一份，显示单位门卫签收。

这是一段庭审笔录，通过笔录可以看出：用人单位陈述其通知申请人上班，而申请人没有来上班，所以以旷工为由与申请人解除了劳动合同。但这里有两个关键点，通知申请人上班和通知申请人解除劳动合同都没有采用书面形式，而是用电话通知。电话通知不是不可以，但是在没有证据证明且对方当事人否认的情况下，仲裁机构很难予以采信。反观劳动者，有书面证据证明已经通知用人单位解除合同，解除理由是用人单位没有发放生活费，劳动者要求支付经济补偿金事实清楚，法律依据充分。

风险提示

解除劳动合同通知一定要采取书面形式，否则如果没有证据支持很难得到裁判机关认可，有可能因此败诉。

操作指南

很多企业反映,《劳动合同法》过于保护劳动者，但其实笔者看到的情况是，个别企业对《劳动合同法》的重视和学习不够，没有精研《劳动合同法》并且按照法律规定完善自身的管理。反观很多劳动者因为涉及自身利益，往往对法律研究得比较深入，上面的案例就是一个典型的例子。提醒一下，法律对于用人单位的无过错解除（《劳动合同法》第四十条）明确规定了必须采取书面形式。即使是没有规定必须采取书面形式，从证据角度考虑，也建议采取书面形式。

解除劳动合同的通知对象要准确

仲裁员：被申请人，你是什么时间、因什么原因与申请人解除劳动合同的？

被申请人：2014年5月，因为申请人在宿舍与同事打架，公司与申请人解除劳动合同。

仲裁员：是否通知申请人？

被申请人：通知了。

仲裁员：怎么通知的？

被申请人：我们在公司公告栏贴了一份《通报》，内容是："全体职工：2014年5月11日员工李某与张某因琐事在宿舍内争吵，后来大打出手，且2人都有饮酒行为，严重扰乱了其他员工的正常休息，对公司造成恶劣影响，为严肃纪律，杜绝类似事件的发生，公司决定对2人给予500元处罚且开除处理，请全体职工引以为戒。"

仲裁员：申请人，你收到这份《通报》了吗？

申请人：没有，公司没有书面与我提出过解除劳动合同，只是从5月11日之后就不让我上班了。

解除劳动合同必须通知，只有通知才会发生解除劳动合同的效力。可是，案例中，被申请人提供了一份《通报》，《通报》的内容是教育全体职工吸取教训。这样一份《通报》代替不了解除劳动合同通知，不能发生解除劳动合同的效力。

风险提示

解除劳动合同通知的对象应当是劳动者本人，如果对象搞错了就不会发生解除劳动合同的效力。

操作指南

这是现实中真实的案例，暂且不论解除劳动合同是否合法，把通报当成解除劳动合同通知，这本身就显示出公司人力资源管理水平之低下。解除劳动合同通知和通报的区别是显而易见的，通报是面向全体职工的，而通知则面向被解除的劳动者本人。如果没有通知劳动者，即使全公司人都知道了，仍然不能发生解除劳动合同的效力。

解除劳动合同的通知应合法送达

郭某系某公司职工，2003年5月1日双方签订劳动合同，合同期限为3年，到期后一直续签。自2012年2月开始，因为效益不好，公司让包括郭某在内的8名员工在家待岗，放假期间支付生活费。2015年5月，公司在当地某报纸刊登公告一份，内容为："郭某等8名员工长期旷工，违反了公司的劳动纪律和规章制度，请以上员工自本公告发出之日起30日内到公司报到并办理相关事宜，逾期不到的，公司将根据《劳动合同法》和单位规章制度，与你们解除劳动合同。"2015年7月21日，公司下发《关于与郭某等8名职工解除劳动合同的决定》，以郭某等人连续旷工超过一个月，严重违反公司规章制度为由与其解除劳动合同。郭某不服，向劳动仲裁委员会提起仲裁，要求公司支付违法解除劳动合同赔偿金。

这也是改编自一个真实案例，法院对该案作出裁决，《劳动部办公厅关于通过新闻媒介通知职工回单位并对逾期不归者按自动离职或旷工处理问题的复函》（2017年11月24日废止——编者注）规定："……企业通知请假、放长假、长期病休职工在规定时间内回单位报到或办理有关手续，应遵循对职工负责的原则，以书面形式直接送达职工本人；本人不在的，交其同住成年亲属签收。直接送达有困难的可以邮寄送达，以挂号查询回执上注明的收件日期为送达日期。只有在受送达职工下落不明，或者用上述送达方式无法送达的情况下，方可公告送达，即张贴公告或通过新闻媒介通知。自发出公告之日起，经过三十日，即视为送达。在此基础上，企业方可对旷工和违反规定的职工按上述法规做除名处理。能用直接送达或邮寄送达而未用，直接采用公告方式送达，视为无效……”根据该规定的精神，公司对员工解除劳动合同为违法解除，应支付赔偿金。

风险提示

解除劳动合同通知的送达方式选择不当，没有经过直接送达、邮寄送达等方式径直公告送达，可能会被裁判机关认定为无效。

操作指南

案例中讨论的虽然是关于通知放假职工回来上班的程序，但是对于通知职工解除劳动合同也是一样的，即经过直接送达、邮寄送达等送达方式无法送达的，才能采用公告送达。

协商解除还是通知解除，应进行明确

2002年11月，沈某与某机械公司签订劳动合同，合同期限至2015年12月31日。2013年年初，公司让沈某待岗。2013年6月24日，沈某向公司递交书面辞职申请。此后，公司没有做出任何回应。2014年9月，公司通知沈某到单位办理解除劳动合同手续，沈某同意，但要求公司支付解除劳动合同的经济补偿，被公司拒绝。随后，沈某申请仲裁，要求公司支付解除劳动合同的经济补偿。

仲裁委审理后认为，机械公司在收到沈某递交的书面辞职申请后，应当在30日内做出反应，否则应视为放弃行使合同解除权。故此，2014年9月9日，机械公司与沈某解除劳动合同，从法律程序上讲与2013年6月24日沈某的书面辞职申请已没有逻辑联系。因而在沈某未表示异议的情况下，应视为用人单位与劳动者协商一致解除劳动合同。仲裁委裁决公司向沈某支付解除劳动合同的经济补偿。

此案涉及《劳动合同法》一个非常重要且易发纠纷但目前经常被忽视的问题，即劳动者的辞职申请和解除劳动合同通知是有区别的，不能混淆。据笔者观察，实践中很多HR，甚至律师，对此都是不清楚或者不注意区分的。根据《劳动合同法实施条例》第十八条的规定，劳动者与用人单位协商一致的、劳动者提前30日（试用期内提前3日）以书面形式通知用人单位的是解除劳动合同的两种情形，不能混淆。案例中，沈某递交了书面辞职申请，虽然我们没有看到该申请的具体内容，但既然是“申请”，就有待批准或协商的意思，而不是立即发生解除合同效力的通知。换句话说，如果沈某提交的是书面解除劳动合同通知，那么就发生直接解除劳动合同的效力，不需要公司的批准，这中间的区别很大。一般认为，如果出现“望公司批准为盼”“请领导同意”等类似字眼，就会使解除劳动合同通知变成协商解除的意思表示。

风险提示

企业如不注意区分劳动者提出的到底是解除劳动合同通知还是协商解除劳动合同的申请，采取的应对方式不当，就有可能会使公司陷入被动。

操作指南

作为用人单位，在收到劳动者的离职报告时，一定要注意区分劳动者究竟是想通知解除还是协商解除，从而采取不同的应对方式。如果是通知解除，那公司就安排劳动者交接，办离职手续就行了；如果是提出协商的意思表示，公司一定要及时予以回应，否则就会像案例中的某机械公司那样失去主动权。

解除合同通知中应写明理由

宋某于2008年8月到某公司做机加工工作，双方签订了劳动合同。2013年12月，公司向宋某发出一份解除劳动合同通知，内容为："宋先生：经公司总部研究决定，自2013年12月18日与您解除劳动合同。因此，自12月18日起，您不必来上班；请于2013年12月17日将公司有关物品及业务交接完毕。其他方面的事宜，公司将按照法律的有关规定给予办理。"宋某不服，认为公司系无故解除劳动合同，故向仲裁委员会提起仲裁，要求公司支付赔偿金。公司在答辩中称，宋某在工作中有违反工作纪律如上班玩手机等行为，故与其解除劳动合同。

《劳动合同法》第三十九条、第四十条规定了公司正常生产经营情况（非经济性裁员）下，用人单位解除劳动合同的若干情形。公司与职工解除劳动合同，要符合上述条款之规定，才会被认定为合法解除劳动合同。如果用人单位解除劳动合同找不到合法的依据，则有可能被认定为违法解除劳动合同，并应按照《劳动合同法》第四十八条支付赔偿金。案例中，公司并未提供相应证据证明宋某存在违反工作纪律的行为。同时，根据公司发出的解除劳动合同通知，其中并未说明与宋某解除劳动合同的理由，因此应当认定属于违反法律规定与宋某解除劳动合同，故对于宋某要求赔偿金的请求，仲裁委予以支持。

风险提示

解除劳动合同通知作为解除劳动合同的必备文件，一定要严谨、完善，其中“解除合同理由”是核心内容，万万不可缺少。否则，即使在仲裁审理阶段提出了合理的解释，也容易被认为是后来找的理由，从而不被认可。

操作指南

企业与员工解除劳动合同，在解除通知中一定要写明解除理由，并且要选择最合适、最有把握的解除理由。

解除合同通知中应写明依据

李某于2013年5月到某公司工作，双方签订了劳动合同。2014年5月，李某与上级主管因工作安排发生了口角，上级主管当即要求李某不用来上班了。5月20日，公司向李某发出解除劳动合同通知，内容为："李某：2014年5月16日，因你在工作时，对上级领导不尊重且顶撞上级，因此公司决定与你解除劳动合同。"李某认为，自己只是因工作安排与上级主管发生几句口角，并未严重违反公司规章制度，故向劳动仲裁委员会提起仲裁，要求公司支付赔偿金。

案例中，公司想依照《劳动合同法》第三十九条第二项与李某解除劳动合同，即劳动者严重违反用人单位的规章制度的，用人单位可以解除劳动合同。仲裁委员会经过调查认定，2014年5月16日，李某只是因为工作上的问题与上级主管争吵了几句，后被同事劝开后就去正常工作了。公司在对李某发出的解除劳动合同通知中，并未说明李某违反公司规章制度的具体条款，同时在庭审过程中公司也未提供公司规章制度依据。因此，公司与李某解除劳动合同显得过于随意，并没有具体的公司规章制度依据，对于李某要求支付赔偿金的请求，仲裁委员会予以支持。

风险提示

对于以严重违纪为由解除劳动合同，如果企业在解除劳动合同通知中没有明确规章制度的具体条款，很可能被裁判机关认定为没有规章制度依据，从而认定为违法解除。

操作指南

公司既然想以劳动者严重违反规章制度为由与职工解除劳动合同，就要在解除劳动合同通知中明确公司规章制度的具体内容，指出劳动者违反了哪一条款。

不开具解除劳动合同证明代价大

杨某于2011年3月入职成都某银行，劳动合同期限至2019年2月28日。劳动合同约定杨某提前30日以书面形式通知银行可以解除本合同；双方解除劳动合同后，杨某应按银行所需要的合理期限，及时履行工作交接义务，杨某如未按银行要求履行交接义务而导致银行损失的，银行有权要求杨某赔偿损失。2017年2月10日，成都A公司向杨某发出《入职通知书》，通知杨某已被A公司正式录用，请杨某于2017年3月22日到A公司入职报到，聘用职位为专职董事，工资为税前80000元/月。2017年2月15日，杨某向银行提交《离职通知书》，通知银行因个人原因将于3月21日离职。2017年2月27日，银行发布《职务任免的通知》，免去杨某职务。杨某于2017年3月21日将其保管的保险柜备用密码钥匙、档案柜备用密码钥匙等物品进行了交接，杨某及交接人在登记簿上签字。后因种种原因，银行迟迟未能向杨某出具解除劳动合同证明，导致杨某不能到A公司报到。2017年6月5日，A公司向杨某发出《关于待入职员工杨某延期入职申请的反馈》，载明A公司已收到杨某的延迟入职申请，根据公司项目进程安排，杨某入职的专职董事职位可保留至2017年7月31日，届时，若杨某还无法办理入职手续并与A公司签订劳动合同，公司将取消录用，请杨某尽快落实入职条件。2017年7月13日，

杨某向成都市劳动人事争议仲裁委员会申请仲裁，要求：1. 银行向杨某出具解除劳动合同证明书并配合办理人事档案及社保签转等相关手续；2. 赔偿因未向杨某出具解除或者终止劳动合同的书面证明造成的经济损失1000000元。成都市劳动人事争议仲裁委员会于2017年11月9日作出裁决：1. 银行向杨某出具解除劳动合同证明，并办理档案和社会保险关系转移手续；2. 银行向杨某赔偿因未出具解除劳动合同证明造成的经济损失640000元。

《劳动合同法》第五十条规定："用人单位应当在解除或者终止劳动合同时出具解除或者终止劳动合同的证明，并在十五日内为劳动者办理档案和社会保险关系转移手续。劳动者应当按照双方约定，办理工作交接……"案例中，杨某于2017年2月15日通知银行解除劳动合同，双方于3月21日完成工作交接，此时双方劳动合同已经依法解除，银行应当履行法律规定的用人单位的后合同义务。《劳动合同法》第八十九条规定："用人单位违反本法规定未向劳动者出具解除或者终止劳动合同的书面证明，由劳动行政部门责令改正；给劳动者造成损害的，应当承担赔偿责任。"杨某于2017年2月10日收到A公司的《入职通知书》，要求杨某于2017年3月22日入职报到，杨某随后向银行提出离职，杨某的行为并不违反法律规定。A公司要求杨某入职时提交解除或终止劳动合同证明，但因银行拒绝提供，杨某向A公司申请延期入职，A公司明确告知杨某其职位可保留至2017年7月31日，若杨某届时仍无法办理入职手续，A公司将取消录用。但至杨某提起仲裁申请，银行仍拒绝为杨某出具解除劳动合同证明，导致杨某最终未被录用。且银行向杨某发放工资至2017年3月，其后杨某未能获取劳动报酬，银行的违法行为与杨某的损失之间存在因果关系，银行应当承担赔偿责任。故仲裁委员会按照杨某入职后可得的月薪80000元计算其损失至裁决作出之日，即640000元（80000元 ×8个月）。

风险提示

用人单位应当在解除或者终止劳动合同时出具解除或者终止劳动合同的证明，并在 15 日内为劳动者办理档案和社会保险关系转移手续，这是用人单位的法定义务。而且，用人单位不能以任何借口推卸，否则要赔偿因此给员工造成的损失，如不能领取失业金的损失或者像案例中那样不能入职新单位的损失。

操作指南

企业在解除或者终止劳动合同后，一定要第一时间依法为劳动者出具解除或者终止劳动合同证明，为劳动者办理档案和社会保险关系转移手续。如果与员工存在其他争议，如员工给用人单位造成损失等，可以通过协商、调解、仲裁等途径解决，不能因此不出具解除或者终止劳动合同证明、扣押档案等。另外需要提醒的是，解除或者终止劳动合同证明一定要依法如实出具，有些用人单位的 HR 为了配合劳动者领取失业金虚构离职理由，这样做对用人单位、对劳动者自己都风险极大，甚至可能触犯《刑法》。

经济补偿金的分段计算方法

王某于1993年12月21日入职某公司从事法律事务工作。双方于1994年1月1日签订劳动合同，其后一直续签。2008年8月1日，双方签订了无固定期限劳动合同。2014年4月，经公司提出，并与王某协商一致解除劳动合同。王某解除劳动合同之前十二个月的平均工资为14379.46元，公司所在地区2013年度社会平均工资为47756元。请问，王某的经济补偿金应当如何计算？

这个案例涉及经济补偿金的分段计算问题。《劳动合同法》第九十七条第三款规定："本法施行之日存续的劳动合同在本法施行后解除或者终止，依照本法第四十六条规定应当支付经济补偿的，经济补偿年限自本法施行之日起计算；本法施行前按照当时有关规定，用人单位应当向劳动者支付经济补偿的，按照当时有关规定执行。"一般情况下，2008年前后经济补偿的法律规定和计算都一致的话，就无须分段计算。案例中，由于2008年前后经济补偿的法律规定和计算方式存在差别，故需要分为两段来计算：

一、2008年之后年限的经济补偿金计算

《劳动合同法》第四十六条第二项规定，用人单位依照本法第三十六条规定向

劳动者提出解除劳动合同并与劳动者协商一致解除劳动合同的，用人单位应当向劳动者支付经济补偿。第四十七条规定："经济补偿按劳动者在本单位工作的年限，每满一年支付一个月工资的标准向劳动者支付。六个月以上不满一年的，按一年计算；不满六个月的，向劳动者支付半个月工资的经济补偿。劳动者月工资高于用人单位所在直辖市、设区的市级人民政府公布的本地区上年度职工月平均工资三倍的，向其支付经济补偿的标准按职工月平均工资三倍的数额支付，向其支付经济补偿的年限最高不超过十二年。本条所称月工资是指劳动者在劳动合同解除或者终止前十二个月的平均工资。"

根据以上规定，王某解除劳动合同前十二个月的平均工资为 14379.46 元，该地区 2013 年度职工平均工资为 47756 元，该地区职工月平均工资的三倍为 47756÷12×3=11939 元，王某月平均工资高于本地区职工月平均工资三倍。根据上述《劳动合同法》第九十七条第三款，王某 2008 年之后的工作年限应当依照《劳动合同法》支付经济补偿，根据《劳动合同法》第四十七条第二款，王某月工资高于本地区月平均工资三倍，向王某支付经济补偿金的标准按照本地区职工月平均工资的三倍即 11939 元计算，即王某 2008 年之后工作年限的经济补偿金为：11939×6.5=77603.5 元。

二、2008 年之前年限的经济补偿金计算

当时适用的《山东省劳动合同条例》（2001 年版，现已修订——笔者注）第二十三条规定："有下列情形之一的，用人单位应当根据劳动者在本单位的工作年限，每满一年支付相当于其本人一个月工资的经济补偿金，但最多不超过十二个月的工资总额；在本单位工作时间不满一年的，按照一个月工资的标准支付经济补偿金：（一）用人单位提出并经当事人协商一致解除劳动合同的；（二）劳动者不能胜任工作，经培训或者调整工作岗位仍不能胜任工作，由用人单位解除劳动合同的；

（三）法律、法规规定的其他情形。”第二十七条规定：“劳动者月工资低于用人单位月平均工资的，按照用人单位月平均工资的标准计算经济补偿金；用人单位月平均工资低于当地人民政府规定的最低工资标准的，劳动者的经济补偿金应当按照当地最低工资标准计算。前款所称月工资，是指用人单位正常生产经营情况下劳动者解除或者终止劳动合同前十二个月的平均工资。”

鉴于王某于 1993 年 12 月到公司工作，至 2007 年 12 月 31 日工作年限超过十二年，故依照上述规定其经济补偿金按十二个月计算。2008 年之前，对于经济补偿金基数没有上限封顶的规定，所以王某的情况也不适用封顶。故王某 2008 年之前年限的经济补偿金为 14379.46 × 12=172553.52 元。

综上，用人单位应当支付王某经济补偿金为 77603.5+172553.52=250157.02 元。

风险提示

劳动者的工作时间跨越 2008 年《劳动合同法》实施时间的，经济补偿金如何计算是一个难点，操作不好有可能计算错误。

操作指南

关于经济补偿金的分段计算，《劳动合同法》第九十七条只是作了原则性规定，上述计算方法是基于山东地区的规定，不同地区的操作可能会不同，请注意分辨。

用人单位要求员工赔偿损失应合法有据

赵某是某幼儿园的老师，2018年4月26日中午，赵某在哄幼儿张某睡觉的时候发生意外，张某从床上掉下来造成骨折。事后，张某住院治疗花费1500元。张某的父母认为幼儿园在此事上监管不力，幼儿园最终与张某的父母达成赔偿协议，赔偿其各项损失10000元。2018年7月，幼儿园对赵某做出处理决定，认定赵某在事件中负有责任，决定按照单位规章制度，要求赵某承担20%的损失，共2300元并从其工资中扣除。赵某对此不服，认为自己在事件中并没有过错，幼儿摔伤只是意外，即使是要承担责任，额外赔偿给家长的数额也不应计算在内。

很多用人单位都会遇到这样的问题，某些员工因自身的过错，给用人单位造成了一定的经济损失，作为用人单位能否要求员工赔偿？对于员工的赔偿有何限制和规定？应当说，用人单位要求劳动者赔偿损失是有法律依据的。《工资支付暂行规定》第十六条规定："因劳动者本人原因给用人单位造成经济损失的，用人单位可按照劳动合同的约定要求其赔偿经济损失。经济损失的赔偿，可从劳动者本人的工资中扣除。但每月扣除的部分不得超过劳动者当月工资的20%。若扣除后的剩余工资部分低于当地月最低工资标准，则按最低工资标准支付。"但是，上述规定并不表明，所有的损失都由劳动者来承担。因为用人单位既是企业财产的所有人、管理人，又是企业内部的管理者和监督者，一旦发生劳动者造成用人单位经济损失的情况，用人单位就具有双重身份，既是受害人，又是劳动者的管理者。如果在此情况下让劳动者承担所有的赔偿责任，那么企业作为管理者就不再承担任何责任，这是不公平的。因此，司法实践中一般是由用人单位承担大部分损失，劳动者根据过错程度承担小部分损失。具体到上述案例，幼儿园并没有证据证明赵某对造成张某受伤一事上有过错，因此很难主张要求赵某赔偿损失；况且，幼儿园对张某家长的赔偿并非张某受伤的直接损失，幼儿园更无权要求赵某承担。

风险提示

用人单位可以主张要求劳动者赔偿损失，但有两点限制：一是要有充足的证据证明劳动者存在过错，二是不能要求劳动者承担全部损失。另外，在从劳动者工资中扣除损失赔偿时也要注意，每月扣除的部分不得超过劳动者当月工资的20%，扣除后的剩余工资部分不能低于当地月最低工资标准。

操作指南

1. 用人单位在与劳动者订立劳动合同时，应当将劳动者造成损失的赔偿责任作为劳动合同的约定条款。

2. 发生劳动者造成损失的情况时，企业一定要注意收集证据，尤其是证明劳动者存在故意或重大过失的证据。

3. 对造成的损失应当客观评估，必要时通过第三方权威机构进行评估，要保证损失数额的客观性和真实性。

“一裁终局”应引起重视

杨某于2016年1月25日入职某科技公司担任营销经理职务，双方一直未签订书面劳动合同。2017年2月13日，杨某向公司提出解除劳动合同，并就双方之间的劳动争议提起仲裁，要求科技公司支付其未签订书面合同期间的双倍工资、解除劳动合同经济补偿金、未休带薪年休假补偿及加班费等。对此，仲裁委作出裁决：1. 科技公司支付杨某于2016年2月25日至2017年1月25日未签订劳动合同的双倍工资61838.43元（非终局裁决）；2. 科技公司支付杨某于2016年1月25日至2017年2月13日解除劳动合同经济补偿金9067.32元（终局裁决）；3. 科技公司支付杨某未休带薪年休假补偿16216元（终局裁决）；4. 驳回杨某的其他请求。

杨某对劳动仲裁未支持加班费有异议，故诉至人民法院。一审法院判决科技公司支付杨某未签订劳动合同的双倍工资差额60297.61元、解除劳动合同经济补偿金9067.32元、未休带薪年休假补偿16216元及加班费8130.18元。科技公司不服一审判决，上诉请求改判支付解除劳动合同经济补偿金7317.83元，不支付未休带薪年休假补偿及加班费。二审法院认定一审判决并无不当，判决驳回上诉，维持原判。

通过这个案例我们来学习一下“一裁终局”制度。

一、什么是“一裁终局”

一般的劳动争议实行的是“一裁二审”终结制，即仲裁委员会作出裁决后，双方当事人都可以在收到裁决书后15日内向人民法院提起诉讼，如果双方当事人在规定时间内均不提起诉讼，仲裁裁决书才会产生法律效力。如果有一方向人民法院提起诉讼，则劳动仲裁委的裁决书不生效。在法院审理阶段，劳动争议最长可经过一审、二审这两审程序后才能终结。为了解决劳动争议处理程序过于烦琐的问题，《劳动争议调解仲裁法》规定了“一裁终局”制度，即在特定情况下，仲裁委员会作出的裁决书自作出之日起即发生法律效力。

二、哪些情况适用“一裁终局”

根据《劳动争议调解仲裁法》第四十七条的规定，下列两种情况适用终局裁决：1.追索劳动报酬、工伤医疗费、经济补偿或者赔偿金，不超过当地月最低工资标准十二个月金额的争议；2.因执行国家的劳动标准在工作时间、休息休假、社会保险等方面发生的争议。

1.上述第一项中的“不超过当地月最低工资标准十二个月金额”是指最终裁决确定的金额，不是劳动者请求的金额。如果裁决中涉及数项的，按照每一项确定，未超过当地最低工资标准十二个月金额的事项为终局裁决事项，而不是看总的金额。

2.劳动者请求用人单位支付代通知金或未签订劳动合同的双倍工资，属于第一项规定的追索赔偿金纠纷，不超过当地月最低工资标准十二个月金额的，适用终局裁决。

综上，在案例中的裁决中，第一项双倍工资因超过当地最低工资标准十二个月金额，故不适用“一裁终局”；第二项解除劳动合同经济补偿金未超过当地最低工资标准十二个月金额，适用“一裁终局”；第三项未休带薪年休假补偿虽然超过了当地最低工资标准十二个月金额，但请注意，未休带薪年休假补偿属于第四十七条第二项规定的“休息休假”，没有“十二个月金额”的限制，也就是说不管多少金额，都适用“一裁终局”。

三、“一裁终局”的救济途径

1. 劳动者对仲裁裁决不服的，可以自收到仲裁裁决书之日起 15 日内向人民法院提起诉讼。

2. 用人单位对终局裁决不能起诉，但有证据证明裁决有法定撤销情形的，可以自收到仲裁裁决书之日起 30 日内向劳动争议仲裁委员会所在地的中级人民法院申请撤销裁决。撤销事由包括：（一）适用法律、法规确有错误的；（二）劳动争议仲裁委员会无管辖权的；（三）违反法定程序的；（四）裁决所根据的证据是伪造的；（五）对方当事人隐瞒了足以影响公正裁决的证据的；（六）仲裁员在仲裁该案时有索贿受贿、徇私舞弊、枉法裁决行为的。可以看出，撤销的条件是很严苛的。

对于同一仲裁裁决同时包含终局裁决事项和非终局裁决事项的，应统一按照非终局裁决处理。本案中，仲裁委员会对当事人的第二项、第三项请求作出了终局裁决，但因为裁决书中还有非终局裁决，故该裁决只能是非终局裁决，不论是劳动者还是用人单位不服裁决的，均可自收到裁决书之日起 15 日内向人民法院起诉，法院也可以对所有请求进行重新审理、判决。实践中，还有一种做法，就是对于既有终局裁决事项又有非终局裁决事项的，采用一案双分号的方式分别作出终局裁决和非终局裁决，这样就互相不受影响了。

简单来说，用人单位和劳动者只要记住一句话就可以了：对终局裁决，劳动者可以起诉，用人单位只能申请撤销裁决；对非终局裁决，劳动者和用人单位都可以起诉。

风险提示

为了避免程序冗长给当事人带来的讼累，法律规定了“一裁终局”制度。企业对于此类争议要特别注意，在劳动仲裁阶段就要全力应对，否则可能连起诉扳回的机会都没有了。

操作指南

1. 企业要重视劳动仲裁，并做好充分准备。从法律规定和实践来看，终局裁决适用的范围还是很广、很普遍的，企业一定要摒弃以前那种认为劳动仲裁只是走个形式，等到法院审理阶段才真正开始处理的想法。特别是对于小额争议案件，应注意效率和成本的平衡把握，及早解决问题。

2. 对于“一裁终局”的案件，企业在仲裁阶段即应聘请律师或专业人员处理应对，将“一裁终局”带来的风险减至最小。

3. 对于仲裁裁决存在程序或法律适用等方面的明显错误的情形，要依法主张权利。

番外篇

我的仲裁之路

那些“小感动”

自2006年从事劳动仲裁工作以来，经历了不少风风雨雨，酸甜苦辣都有，但给我留下最深印象的，是当事人那些不自觉的真情流露。曾经有一句广告语我很喜欢，“为生命中的小惊喜喝彩”，我就来说说工作中的那些“小感动”。

“我是她的继父”

2007年，那时候《劳动合同法》还没有实施，案子还没现在这么多，我刚从事劳动仲裁工作不久，经常被分配处理一些简单的案件。有一家大型制造业企业，采取了一种与学校合作培训然后用工的模式，即先把招来的员工送到某培训学校学习电气焊，费用由公司承担，经过半年左右的学习再正式到公司工作并签订服务期协议。后来，这批员工流失率太高，公司承受不了，决定起诉一批“杀一儆百”，于是就提起仲裁要求几名离职员工返还培训费。因为学电焊的都是家庭困难的农村孩子，公司也不是想要多少钱，就是想警示一下，所以我的主要工作就是调解，一两万元的诉求通常三四千元就能解决了。那天调解，开始几个都很顺利，有一个20来岁的女孩引起了我的注意，首先，其他几个被申请人都是男性，从事这个行业的也很少有女性；其次，这个女孩皮肤黝黑，梳着两个羊角辫，穿着一身朴实衣服，也不大说话，都是她父亲——一个同样朴实的农村汉子在替她与用人单位协商。我还注意到这个女孩姓张，她父亲却姓王，于是随口问了一句："你是她父亲？你们怎么不是一个姓啊？"那汉子搪塞了一句，没有正面回答。女孩父亲反复跟用人单位代理人讲，自己有病，闺女很懂事，是为了照顾自己才辞职的，我看到那女孩眼睛里泛着泪花。慢慢地，双方逼近了用人单位的底线 3000 元，用人单位代理人说什么也不肯让步了。看着那一家的情况，怎么也不忍心再去做他们的工作，于是我反复做用人单位的工作，甚至给他们公司领导打电话沟通，把数额压到了 1500 元，女孩一家终于同意，双方顺利达成协议。没想到女孩父亲最后一句话突然戳中我的泪点："王仲裁，谢谢你啊！说实话，刚才 3000 元我就想同意了，实在是家里困难啊。你刚才不是问我跟闺女为啥不是一个姓吗？其实我是她的继父，我怕别人说我对她不好！"那一刻，我思绪万千。

蒙冤的老人

几年前，我受理了一个违法解除合同的案子。一位 57 岁的老工人，还有三年就退休了，在一家钢铁企业工作了一辈子，快退休时却被企业开除了。原来，有一天老人下班，发现一捆丢弃的铁丝，心想家里的缸坏了，回家正好用它箍一下，于是就放在自行车上想带回家，不想被保安查到了。本来这也不是什么大事，一捆铁丝顶多价值 50 元，但恰逢这家钢铁企业刚刚被外资收购，由几十年的老国企改制为外资企业。外方管理者本来就对国企体制下管理混乱、工人偷拿公司财产、浪费资材心有不满，这回正好逮着机会，于是一纸通知以严重违纪为由与老人解除了合同。老人不服，提起劳动仲裁。开庭那天，按照规定先调解，但公司态度非常坚决，坚称必须要跟老人解除合同，查证这家公司的规章制度，明明白白地写着"偷窃公司财物者，公司可以解除劳动合同”，还真难说是违法解除。老人是跟法律援助律师一起来的，律师反复强调老人不知道铁丝是别人放在那的，价值也不大，不能按照严重违纪解除合同。老人倒是没怎么说话，直到公司的代理人说到偷窃时，老人的情绪突然激动了，腾地一下站起来，脸涨得通红，眼睛仿佛要喷出火来，嘴里反复说：“我没偷，我没偷……”老人的心情我很理解，干了一辈子工作，临退休却落了个“偷窃”的名声，老人很难接受。反复思量之下，这案子好像怎么裁决都不合适，企业的正常管理秩序要维护，老人看起来又确实很委屈。我在心里告诉自己：这案子不能裁，必须调！于是反复做企业工作，最终找到了一个妥协方案：给老人办理了一个停薪留职，单位发放生活费、缴纳社会保险直到退休。老人满意了，反复说谢谢。这么多年，我始终忘不了那张涨红的脸。每当自己受到误解、委屈的时候，我就越能理解老人当时的反应。司法本是社会正义的最后一道防线，但这些年来，也发生了一些蒙冤入狱的事件。我时常在想，如果我被安了个什么罪名关进监狱，也许早就垮了，因为实在受不了那种被委屈的滋味。明御史吕坤有一句名言：“为人辩冤白谤是第一天理”。司法者可不警乎？

“大盗”的眼泪

前几天，一起违法解除劳动合同案件开庭。申请人 30 多岁，长得五大三粗，一脸横肉，身上还有文身，一看就是个混社会的，我在心里默默给他起了个名字，叫“大盗”吧。开庭一审理，果然是个不良青年。用人单位解除合同的理由是，该员工在公安局有多次违法记录，在订立合同时没有及时告知公司，违反了员工入职安全手册的规定。“大盗”的律师对于公安局的违法记录没有异议，只是强调这些都是入职该公司之前发生的，不能作为公司解除劳动合同的依据。“大盗”开始也一直没说话。直到我问，申请人还有没有补充？他突然举起了手。我说：你说吧。

“大盗”恭恭敬敬地站了起来，情绪略有些激动地说：“用人单位以我以前所犯的错误跟我解除合同，这不公平。我以前犯了错，政府都给我处罚了。现在我在公司干司机，兢兢业业，从没出过差错，这样解除合同我不服。”“大盗”坐下的时候，我看见他居然用手抹了一下眼泪。那一刻，我仿佛读懂了什么：一个人，不管有怎样的过去，都是有尊严的，都是需要尊重的。

后记

用人单位与劳动者，并不是天生对立的，有时候双方更像夫妻关系，企业作为强势的一方，要经常换位思考，主动关心、关爱员工，尊重员工，这样才能避免和提前化解大部分劳动争议。

第一个“滑铁卢”

许多年以后，我仍然经常想起那个案子。那是我从事仲裁工作后第一个裁决的案子，也堪称我遇到的第一个“滑铁卢”。

申请人是两位50多岁的农民工，被申请人是一家装饰公司。案情也很简单，两申请人于2006年8月先后到被申请人处工作，入厂前人事部口头承诺每天工资40元，每月5日发工资。2006年11月15日，被申请人安排两申请人到某工地干活一个月，但被申请人一直没有支付在该工地干活工人的工资。于是，两申请人到劳动仲裁机构申请仲裁，要求被申请人支付一个月工资各900元。

案情虽然简单，处理过程却颇为曲折。2007年3月初，案件分给我后，按规定，第一件事是送达法律文书。[①] 仲裁员一般会借送达法律文书的机会与申请人和被申请人进行简单接触，了解一下案情和当事人基本情况，顺便做案前调解。最先来的两位申请人老张和老王，两人情绪激动，说装饰公司的老板是黑心老板，两人干了一个月，老板说他们干得不好，工资也不结就把他们打发了。我问两人，同不同意

① 《劳动争议调解仲裁法》第三十条第一款规定：“劳动争议仲裁委员会受理仲裁申请后，应当在五日内将仲裁申请书副本送达被申请人。”第三十五条规定：“仲裁庭应当在开庭五日前，将开庭日期、地点书面通知双方当事人。当事人有正当理由的，可以在开庭三日前请求延期开庭。是否延期，由劳动争议仲裁委员会决定。”

调解？两人说，调解可以，但钱一分都不能少。看着两位老人，我不禁升起一股同情之心，心想等见到老板一定好好做工作，让他早点给钱。下午我就见到了公司老板赵经理——一个30来岁的年轻人，长得倒是白白净净、文质彬彬，说话却很冲："听说那俩人把我给告了？我倒要看看他们能不能从我这拿走一分钱！"签收完文书，我问赵经理："赵经理，你看钱也不多，能不能调解啊？"没想到赵经理情绪也颇激动："不行，既然他们打官司了，那我就陪他们打到底，我倒要看看投机取巧的人能不能获利。我派这两人去工地干活，结果两个人不好好干，活干得也不好，还有脸要工资？王仲裁，我也是名牌大学毕业的，前两年自己创业开了这家装饰公司。这样的人我不能惯着他们，我也不找律师，这个案子我亲自跟他们打，一定要打到底。"得，这两边是杠上了，看起来调解是希望不大了。

2007年3月25日，案件第一次开庭，果然是赵经理亲自出庭，一见面双方就如同仇人般吵了起来。维持好仲裁庭秩序，我按部就班开始庭审程序。被申请人当庭答辩称，两申请人在工地工作期间投机取巧，不好好干活，公司规定每天工作8个小时，两人只工作3个小时左右。因申请人的行为给公司造成严重损失，公司已于2006年12月8日依据规章制度对两人作出扣除当月工资处罚并予以辞退，因此不同意支付两申请人的工资。我问被申请人，有没有证据提供？被申请人提供了两份证据：1. 2006年12月8日对两申请人作出处罚的《通知》；2. 被申请人《员工手册》。我继续问被申请人，有没有能证明两申请人不好好工作的证据？被申请人回答，有，但当庭不能提供。为了彻底查清案情，我决定再开一次庭，当庭确定了第二次开庭时间为4月8日并记入笔录，同时明确双方再有证据的，应当于下次开庭时提供，逾期不再接受新的证据。①

① 《劳动争议调解仲裁法》第三十九条第二款规定："劳动者无法提供由用人单位掌握管理的与仲裁请求有关的证据，仲裁庭可以要求用人单位在指定期限内提供。用人单位在指定期限内不提供的，应当承担不利后果。"

案件处理到这里还算顺利，没想到后面出了岔子。4 月 3 日，老张和老王突然过来找我：“王仲裁，不行啊。你定的 4 月 8 日开庭，我们俩刚刚找了一家新公司当保安，正好那天面试，这么大年龄找个工作不容易，人家还说给缴纳社会保险，您看能不能将开庭时间再改一改？”本来确定开庭时间是很严肃的事，开庭时间一经确定一般没有正当理由是不能随便更改的，但当时我缺乏经验，又禁不住两位老人软磨硬泡，一心软就答应了。于是，我当场给赵经理打电话，跟赵经理协商后，他也同意，我把开庭时间改为 4 月 12 日 9 点。等到 4 月 12 日 9 点 15 分，被申请人也不见踪影，我给赵经理打电话：“你在哪儿呢？怎么不来开庭？”“哎呀，不好意思，我忘了今天开庭，我现在在外地出差，赶不回去啊！”“那怎么办？按规定，你不到的话仲裁可以缺席裁决。①”“要不我让公司其他人去？”“不行，其他人没有公司的授权不可以参加庭审。②”那边，老张和老王不干了：“王仲裁，怎么还不开庭啊？”“就是，怎么用人单位就可以不来？”我简单跟合议庭成员商量了一下，决定缺席审理，就这样走完了庭审程序。开完庭没几天，老张和老王又来了，这次两人一反常态，开始质问我：“王仲裁，这个案子快两个月了，怎么还不裁决啊？”“这不是因为你们两个申请延期开庭吗？”我解释道。“不对，就是因为对方是大老板，我们是打工的，你偏向他们。”“就是，你看你给对方打电话那么客气，这里面肯定有问题。”这都哪儿跟哪儿啊，我说：“两位大叔，我跟你们不也挺客气的嘛？再说，你们俩有事要求延期，我跟对方商量更改时间能不客气点吗？”两人还不依不饶，非得让我尽快裁决，还说要去投诉。

怎么办？我请教有经验的于姐，于姐说：“这案子你办的确实有问题，第一，

---

① 《劳动争议调解仲裁法》第三十六条第二款规定：“被申请人收到书面通知，无正当理由拒不到庭或者未经仲裁庭同意中途退庭的，可以缺席裁决。”

② 《劳动争议调解仲裁法》第二十四条规定：“当事人可以委托代理人参加仲裁活动。委托他人参加仲裁活动，应当向劳动争议仲裁委员会提交有委托人签名或者盖章的委托书，委托书应当载明委托事项和权限。”

当事人申请延期开庭，你应该让他们提供书面申请，并且下书面通知，这样到时候你就可以缺席裁决了；第二，你怎么能当着申请人的面给被申请人打电话呢？要知道，形式上的公正有时候比实体公正更重要，当事人都是很敏感的，你一个语气不对都可能让当事人产生不信任。现在既然这样了，我建议你快刀斩乱麻，立即裁决。”于姐的一番话让我心服口服，于是尽快作出了裁决，裁决公司支付两申请人工资。

通知双方过来领取裁决书，两名申请人很快就来了，看完裁决书，两人脸上又绽开了笑容：“王仲裁，不好意思啊，前两天我们态度不好，跟你赔礼道歉了。”“我们俩以为你跟网上说的那样会跟公司站在一边呢，没想到你真是主持正义。”我说：“两位大叔，前两天你们可不是这样说我的啊？说说吧，前两天是怎么了？”两人互相看了一眼，说：“都怪那个赵经理，我们一起诉，他就找人告诉我们，说我们赢不了，他已经找好人了，我们以为你跟公司串通好了的，这才犯浑的。”说完又一个劲地道歉。送走两位老人，却迟迟不见赵经理来拿裁决书。

既然不来拿，那我们就去送。我叫上一位同事，一起去被申请人处送达文书[①]。到装饰公司一看，赵经理不在，说明来意之后，一位文员签收了法律文书。没想到，我们刚刚走出门还没上车，刚才签收的文员就拿着裁决书追了出来：“不行啊，刚才请示我们经理了，经理说不能收，裁决书你们拿走。”“那个，刚才你已经在送达回执上签字了就说明你们收到了，现在还回来也没用了。”我解释道。“那怎么办？我们经理回来会开除我的。”文员带着哭腔说。“你们经理不懂法，这样，我也不难为你，你就说我们强行把裁决书留在这儿的，有什么问题让他回头去仲裁处找我。”我给他出了个主意。

几天之后的一个下午，赵经理果然气急败坏地找来了：“王仲裁，你怎么稀里

---

① 按规定，送达法律文书要求两人以上。

糊涂就给我们判了？”我耐心地给他解释：“怎么，这个裁决有什么问题吗？你们不按照期限到庭参加审理，而且举证期限已过，我们就可以裁决了。”“哼，我不服，他们两个不好好干活，大家都这样，我们企业还怎么管理？”“赵经理，你们双方是劳动关系，不是劳务关系，如果是劳务关系，你可以根据工作成果支付报酬，可是对于劳动关系你们要加强管理，如果他们工作中有消极怠工，你们可以根据规章制度进行处理啊。再说，从举证上看，你们既没有他们偷懒的证据，也没有相应规章制度规定，这样很难对他们进行处理。”“不行，你这案子处理的不公，我要找你们领导。”好说歹说解释了半天，这位赵经理就是不听。这可怎么办呢？第一次遇到这样的人和事，我还真是有点手足无措。正在僵持中，院长出现了：“小王，到时间开会了，你赶紧去吧。”说完又转头跟赵经理说：“你是当事人吧？这个案子我也清楚，你过来我给你解释。”我知道这是领导给我解围，于是会意地先躲了出去。

快下班了，回到办公室，我问书记员：“那个人走了吗？”书记员意味深长地看了我一眼，说：“一会儿就走了，院长让你过去一趟，等着挨训吧。”心情忐忑地走进院长办公室，我先承认错误：“领导，对不起啊，这个案子办砸了，给您添麻烦了。”院长笑了笑，说：“没什么，总体上问题不大，按照法律规定就应该这么裁，以后你就知道了，仲裁中这样的事多了，几乎每个人都遇到过，当年我也曾经在办公室被人堵了一上午。不过，回头要好好总结一下，看看有什么地方需要改进的。办案子，效果最好的是双方都满意，一般调解能达到这个效果；还有可能是一方当事人满意，另一方不满意，裁决一般是这样，赢的满意，输的不满意；最差的结果就是双方都不满意。”我连连点头说：“知道了，领导。我一定好好总结。对了，您是怎么搞定那个当事人的？”“他一上来就跟我吹嘘，我认识谁谁谁，我说，‘是吗？太巧了，我也认识。这么点小案子，你好意思找人家？再说，你公司管理混乱成这样，你不找找公司自身的原因，找人有什么用？你认识人就能违反法律规定了？’

几句话他就让我说得没脾气了。”

走出领导办公室，我很感慨：果然，姜还是老的辣，要学的东西太多了。

后记

抛开个人的经验教训不谈，这家企业面对劳动争议的应对方式是比较差的：一方面，自恃“武艺高强”，不委托专业律师，想自己解决，又说不到点子上；另一方面，自恃“有关系”，不把法律和仲裁部门放在眼里，殊不知老老实实依法应对才是解决劳动争议的最佳对策。

图书在版编目 (CIP) 数据

从招聘到离职：HR 必备的十大法律思维及劳动仲裁案例实操 / 王锋著．—北京：中国法制出版社，2020.9

（企业人力资源管理与法律顾问实务指引丛书）

ISBN 978-7-5216-1197-7

Ⅰ．①从…　Ⅱ．①王…　Ⅲ．①劳动法－案例－中国　Ⅳ．① D922.505

中国版本图书馆 CIP 数据核字（2020）第 123719 号

策划编辑：潘孝莉

责任编辑：马春芳　　　　封面设计：汪要军

从招聘到离职：HR 必备的十大法律思维及劳动仲裁案例实操

CONG ZHAOPIN DAO LIZHI : HR BIBEI DE SHIDA FALÜ SIWEI JI LAODONG ZHONGCAI ANLI SHICAO

著者 / 王　锋

经销 / 新华书店

印刷 / 三河市紫恒印装有限公司

开本 / 730 毫米 ×1030 毫米　16 开　　　　印张 / 14　字数 / 180 千

版次 / 2020 年 9 月第 1 版　　　　2020 年 9 月第 1 次印刷

中国法制出版社出版

书号 ISBN 978-7-5216-1197-7　　　　定价：59.00 元

北京西单横二条 2 号　邮政编码 100031　　　　传真：010-66031119

网址：http://www.zgfzs.com　　　　**编辑部电话：010-66073673**

市场营销部电话：010-66033393　　　　**邮购部电话：010-66033288**

（如有印装质量问题，请与本社印务部联系调换。电话：010-66032926）